용돈 받는 부자들

Finance 102 for Kids:
Practical Money Lessons Children Cannot Afford to Miss

Originally Published by Gatekeeper Press

Copyright © 2021 by Walter Andal

Korean translation copyright © 2022 by Will Books Publishing Co.

This Korean edition published by arrangement with Walter Andal through YuRiJang Literary Agency.

이 책의 한국어판 저작권은 유리장 에이전시를 통해
저작권자와 독점 계약한 ㈜윌북에 있습니다.
저작권법에 의하여 한국 내에서 보호를 받는 저작물이므로
무단전재 및 복제를 금합니다.

열두 살에 시작하는 자산 관리 습관

용돈 받는 부자들

월터 안달 지음 ◆ 김선희 옮김 ◆ 김조이 그림

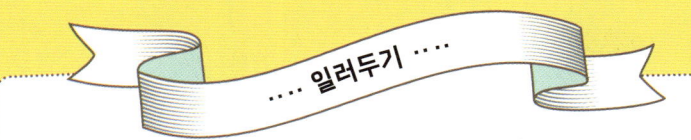

···· 일러두기 ····

"이해를 돕기 위해 원문의 1달러는 1000원으로 설정하였습니다."

추천의 말

맛있는 과자를 먹기 위해서도 돈이 필요하고, 재미있는 책을 사기 위해서도 돈이 필요하죠. 아플 때 병원에 가기 위해서도 물론 돈이 필요해요. 이처럼 돈은 우리 삶에서 꼭 필요한 것 중 하나입니다. 돈이 많다고 무조건 행복한 건 아니지만, 있으면 많은 불행을 피해갈 수 있기에 돈에 대해 잘 알고 있어야 하지요. 이 책은 용돈을 받아도 항상 부족하게 느껴지는 친구들, 어느새 바닥난 용돈에 힘들어하는 친구들, 돈에 대해 공부해 보고 싶은 친구들에게 도움이 될 거예요. 지금부터 당장 완벽하게 돈을 관리할 수는 없겠지만, 하나씩 하나씩 경제 지식을 쌓아 간다면 어린이 독자들도 분명 돈을 잘 관리할 줄 아는 사람이 되어 있을 겁니다. 천 리 길도 한 걸음부터! 『용돈 받는 부자들』과 함께 부자가 되기 위한 한 걸음을 떼어 볼까요?

- 『세금 내는 아이들』 작가 옥효진

이전 책인 『경제는 어렵지만 부자가 되고 싶어』가 많은 사랑을 받았기에, 『용돈 받는 부자들』이 출간된다는 소식을 듣고 저 역시 기대가 컸습니다. 이 책은 매우 현실적인 내용으로, 실제 생활에서 어떻게 해야 경제적이고 현명한 선택을 할 수 있는지 구체적으로 알려 줍니다. 소비 활동을 하는 어린이들의 상황에 맞는 많은 지혜가 담겨 있어요. 특히 그 지혜가 단순히 교훈적이거나 뻔하지 않다는 게 가장 큰 장점입니다. 예를 들어 분수에 맞게 살아야 함을 알려 주면서, 그것이 단순히 싼 물건만을 쓰거나 좋은 물건을 사용하지 못하는 것과 어떻게 다른지 이야기해 주거든요. 이런 미묘한 차이에 대한 설명은 경제적 지혜를 현실에 적용할 때 자주 발생하는 오해와 시행착오를 줄이는 데 많은 도움이 될 거라 생각합니다.

- 유튜버 콩나물쌤, 『문해력 수업』 작가 전병규

> 수업에 잘 왔어요!

안녕하세요! 저는 허니 선생님입니다. 돈과 경제 수업에 다시 온 걸 환영합니다. 『경제는 어렵지만 부자가 되고 싶어』에서 여러분은 돈이 언제 어떻게 생겨났는지, 돈을 버는 방법은 무엇인지, 저축이 왜 중요한지, 어떻게 하면 돈을 잘 불릴 수 있는지 배웠어요. 또 신용이 우리에게 주는 혜택과 위험, 주식 시장과 경제의 기초, 공동체에 기부하는 일이 얼마나 중요한지도 깨달았을 거예요.

『경제는 어렵지만 부자가 되고 싶어』에서 했던 이야기를 잠시 떠올려 볼까요? **금융**은 돈을 관리하는 방법입니다. 여러 가지 방법으로 돈을 벌 수 있어요. 이를테면 누군가를 위해 일하거나, 사업을 시작하거나, 투자를 할 수 있습니다. 하지만 돈을 벌 수도, 잃을 수도 있지요. 소비를 지나치게 많이 하거나, 투자를 잘못하거나, 돈을 제대로 관리하지 못하면 잃을 수 밖에 없어요.

　돈을 관리한다는 건 생각처럼 쉽지 않아요. 많은 사람이 그릇된 결정을 하지요. 버는 족족 써 버리는 사람도 있고요. 돈은 필요한데 저축해 둔 금액이 충분하지 않으면 스트레스를 받을 수밖에 없어요. 음식, 옷, 집, 교육 등 꼭 필요한 곳에 쓸 돈이 없으면 덜컥 겁이 날 거예요. 돈이 없으면 가지고 있던 집, 자동차, 물건을 잃게 될 수도 있고요. 돈이 없으면 핸드폰, 컴퓨터, 책, 인터넷 서비스 등 오늘날의 정보 사회 환경에 없어서는 안 될 것들도 누리기 어려워져요.

　수학, 음악, 운동 실력을 기르는 방법과 마찬가지로, 돈을 관리하는 기술을 개발하기 위해서는 끊임없이 배우고 실천해야 해요. 기술은 그냥 한번 해 보고 뚝딱 얻을 수가 없거든요. 계속

읽고 배우며 사람들에게 가르침과 조언을 구하고, 배운 대로 실천해야 해요. 돈을 관리하다 보면 실수를 할 수도 있어요. 하지만 그 실수를 통해 배울 수 있다면 괜찮아요. 한 번에 하나씩 금융 실력을 키워 나가는 게 중요해요. 그러다 보면 한 해, 두 해 현명하고 똑똑해지면서 실력이 쑥쑥 자라날 거예요.

자, 제 두 번째 책 『용돈 받는 부자들』에 잘 오셨어요! 여러분은 이 수업에서 피가 되고 살이 되는 경제 지식을 하나씩 배우고, 배운 지식을 활용해 값진 기술을 차근차근 쌓아 나갈 수 있을 거예요. 인내심을 갖고 배운 것을 바탕으로 현명한 선택을 하는 데 필요한 기술을 익힐 수 있을 겁니다. 지금 여러분이 돈을 어떻게 쓰느냐에 따라 미래가 결정된다는 걸 명심하길 바라요.

그럼 공부할 준비가 되었나요? 지금부터 즐겁게 배워 봅시다!

등장인물 소개

허니 선생님

선생님이지만 가끔 지각을 한다.
가장 좋아하는 일은 학생에게
질문 받기.

올리비아

패션에 관심이 많아
부자가 되고 싶은 멋쟁이.

앤드루

상상력이 풍부하고
예술을 좋아한다.

조지

세상 모든 것에 호기심이 생기는
장난꾸러기다.

베니

다른 사람들에게 알려주는 걸
좋아하는 수다쟁이.

톰

맛있는 것을 먹을 때 가장 행복하다.
인형에게 말을 거는 순수하고
맑은 영혼의 소유자.

샐리

궁금한 건 절대 그냥
넘어가지 않는다. 야무지고
재치 만점이라 인기가 많다.

클로이

직접 과자점을 차리는 게 꿈이다.
취미는 베이킹.

차례

추천의 말 　　　　　　　　　　　　　　 0 0 7
수업에 잘 왔어요! 　　　　　　　　　　 0 1 0
등장인물 소개 　　　　　　　　　　　　 0 1 4

1장 똑똑하게 돈 쓰는 법 ——————— 018

분수에 맞게 살기 020 ◆ 필요와 욕구의 차이 이해하기 023 ◆ 예산 짜고 지키기 027 ◆ 충동구매 줄이기 032

2장 비용과 가격 ——————— 036

가격 알아보고 비교하기 038 ◆ 세금은 당연히 내는 것 043 ◆ 큰돈이 드는 물건은 총비용을 미리 고려하자 046 ◆ 수요가 많으면 가격은 오른다 052 ◆ 프리미엄이 붙은 물건은 가능한 한 사지 말자 056

3장 돈의 가치를 늘리는 법 ——————— 060

할인 쿠폰과 프로모션 코드 활용하기 062 ◆ 특별 행사, 특별 할인 확인하기 066 ◆ 세일이라고 무조건 사지는 말자 069 ◆ 중고품과 리퍼 제품으로 절약하기 072 ◆ 불필요한 신상품 피하기 076

4장 미디어와 사회적 영향력 — 080

돈을 쓰게 만드는 마케팅 전략 알아 두기 082 ◆ 브랜드 vs 보급형, 나에게 맞는 것을 선택하기 086 ◆ 친구들의 부정적인 압박 이겨내기 089 ◆ 부러우면 지는 거다 093

5장 저축과 투자 — 098

만족 지연 익히기 100 ◆ 복리의 힘을 적극 활용하기 104 ◆ 시간을 내 편으로 끌어들이기 112

6장 돈, 재산, 명성을 지키는 법 — 118

모은 돈을 신발 상자에 보관하지 말자 120 ◆ 개인용품 잘 보관하고 오래 쓰기 124 ◆ 개인 정보 지키기 127 ◆ 온라인 활동에는 결과가 따른다 131

7장 신용 카드 — 136

책임감 있게 써야 유용한 신용 카드 138 ◆ 대금 결제일을 꼭 지키자 142

8장 돈과 인생의 원칙 — 148

가진 것에 감사하기 150 ◆ 우리를 부자로 만드는 건 돈이 전부가 아니야 154 ◆ 나누며 살자 157

어린이 독자에게 전하는 이야기　　　162

1장
똑똑하게 돈 쓰는 법

- 분수에 맞게 살기
- 필요와 욕구의 차이 이해하기
- 예산 짜고 지키기
- 충동구매 줄이기

분수에 맞게 살기

'분수에 맞게 살자'는 생각이야말로 돈을 관리하는 최고의 방법입니다. 가진 것 이상의 돈을 쓰지 않는다는 뜻이에요. 분수에 맞게 살기로 다짐한다면 여러분이 가진 만큼 또는 앞으로 벌 범위 안에서 지출하게 됩니다. 다시 말해, **과소비**를 하지 않게 되지요.

여러분이 이렇게 물어볼 수도 있겠네요.

"어떻게 자기가 가진 것보다 더 많이 돈을 쓸 수 있어요?"

당장 돈이 없어도 빚을 지면 물건을 살 수 있어요. 빚을 **대출**이라고도 하지요. 신용 카드로 물건을 사는 것도 일종의 대출이에요. 여러분은 신용 카드, 학자금 대출과 자동차 대출 등 돈을 빌리는 방법에 대해 얼마나 알고 있나요? 예기치 못한 비상사태가 일어나거나 정말 꼭 필요한 물건을 사야 할 때, 신용 카드는 퍽 요긴해요.

하지만 함부로 쓰다 보면 자칫 감당할 수 있는 범위를 넘어서는 지출을 하게 됩니다. 자신이 빚진 걸 갚을 수 있는지 없는지 생각하지 않고 쉽게 돈을 쓰는 거지요. 때때로 꼭 필요하지 않은 물건을 사려고 신용 카드를 마구 긁다 보면 결국 카드 비용을 지불하지 못해 빚을 감당할 수 없는 지경에 이르기도 해요. 이런 위험을 얕보아서는 안 돼요.

분수에 맞게 살아간다고 해서 저렴한 물건만 사용하거나 좋은 물건은 평생 구경도 못하고 살아야 한다는 뜻은 아니에요. 누군가에게 받았든 여러분이 벌었든, 그 돈을 어떻게 쓸지는 여러분 자유예요. 하지만 감당할 수 있는 범위를 알아야 할 책임 또한 여러분에게 있어요. 돈으로 현명한 선택을 해서 멋지고 근사한 삶을 살아가는 건 자신의 몫이에요. 지금 당장 원하는 걸 모두 누리며 살 수 없을지는 몰라도, 물건을 조금 덜 사고 미래를 위해 현명하게 저축할 수도 있어요. 그러기 위해서는 계획을 잘 짜고 참을성과 자제력도 키워야 해요. 그러면 빚이라는 부담 없이 돈을 즐겁게 누릴 수 있을 겁니다.

필요와 욕구의 차이 이해하기

필요와 **욕구**가 어떻게 다른지 생각해 본 적 있나요? 필요한 물건이란 살아가기 위해 우리가 꼭 지녀야 할 것들을 말해요. 반면 욕구하는 대상은 여러분을 행복하게, 편안하게, 신나게 해 주는 것들이지만 없어도 살아갈 수 있지요.

필요한 게 무엇인지 확인하는 방법은 간단합니다. 살아가는 데 꼭 필요한지 생각해 보면 돼요. 우리는 누구나 음식과 물, 편안히 쉴 장소, 옷과 같은 아주 기본적인 것들이 필요해요. 오늘날을 살아가는 사람이라면 교육도 꼭 필요한 것이지요. 좋은 교육을 받으면 성공하는 데 큰 도움이 되는 지식과 기술을 배울 수 있으니까요.

하지만 필요와 욕구를 똑 부러지게 구분하는 일은 어렵기도 해요. 예를 들어 옷은 우리 몸을 보호하고 따뜻하게 해 주기에 꼭 필요하지만, 10만 원짜리 유명 브랜드 셔츠나 20만 원짜리 청바지는 꼭 필요한 물건이 아닐지도 모르죠.

그런데 필요와 욕구는 사람마다 다를 수 있어요. 똑같은 최

첨단 소재의 최고급 운동화가 육상 선수에게는 꼭 필요한 물건인 반면 평범한 학생에게는 욕구의 대상일 수 있는 것처럼요. 어떤 물건이 꼭 필요한 것인지 아니면 욕구의 대상인지 판단하고 싶다면 그 물건을 사기 전, 스스로에게 아래의 세 가지 질문을 해 보세요. 만약 이 질문에 '예스'라고 대답했다면, 여러분이 사고 싶어 하는 그 물건은 욕구의 대상일 가능성이 높을 겁니다.

필요와 욕구의 차이를 알면 돈을 관리하는 데 큰 도움이 돼요. 더 좋은 선택을 하고 불필요한 소비를 피할 수 있거든요. 사고 싶은 물건이 욕구의 대상이라는 걸 알면, 돈을 내기 전에 잠깐 멈춰서 그 물건을 지금 살지, 나중에 살지, 아니면 아예 사지 말지 다시 곰곰이 생각해 볼 수 있어요. 욕구의 범주에 속하는 물건을 사지 않기로 결정한다면 여러분이 잃는 건 거의 없는 반면, 얻는 건 무척 클 거예요.

기억하세요. 정말 사고 싶은 물건을 사는 건 잘못된 일이 아니에요. 누구나 자기가 번 돈을 소비하며 즐길 권리가 있습니다. 하지만 사고 싶은 건 뭐든 사고 마는 습관을 벗어나면 돈을 자제하고 통제하는 능력이 생겨요. 아직 어리기에 저축의 필요성과 압박을 절실하게 느끼지 못 할 수도 있어요. 하지만 대학교 등록금, 직장에 타고 다닐 자동차, 앞으로 꾸릴 가족이 살아갈 집 등 언젠가 목돈을 지불해야 할 중요한 것들을 위해 일찌감치 준비하면 여러분은 남들보다 한발 앞서 나가게 될 거예요.

예산 짜고 지키기

예산이란 특정 기간 동안의 소비와 저축 계획을 미리 짜 놓는 걸 말합니다. 여기서 특정 기간은 주, 월, 연 단위가 될 수 있겠지요. 예산을 짜 두면 여러분이 얼마를 벌거나 받을지, 어떤 물건에 얼마를 쓸지, 얼마를 저축할지 파악할 수 있어요. 또 예산을 짜 두면 필요하거나 원하는 물건을 살 돈이 충분한지 확인할 수 있어요.

　예산을 미리 세우면 큰 도움이 됩니다. 그런데도 많은 사람이 이걸 귀찮아해요. 시간을 낭비하는 짓이라고 착각하기 때문이지요. 돈이 별로 없으니 예산을 짤 필요가 없다고 생각하는 사람도 있어요. 하지만 돈이 많든 적든 예산을 짜는 일은 무척 중요합니다. 여러분의 재정 상태가 안정되니까요.

　예산을 짜면 따라오는 장점은 무척 많습니다.

　첫째, 과소비를 막아 줍니다. 과소비란 지불할 수 있는 능력보다 돈을 많이 쓰는 것이란 거 알고 있죠? 예산을 짜 두면 여러분이 돈을 쓰려는 물건이나 목적을 꼼꼼하게 확인할 수 있어요.

그러면 계획에 없는 불필요한 물건을 사지 않게 돼요.

둘째, 예산을 세우면 무엇을 먼저 사야 할지 판단할 수 있어요. **우선순위**를 정하면 어떤 물건이 여러분에게 더 필요한지 결정할 수 있거든요. 우선순위를 매기면서 갖고 싶은 각기 다른 물건들을 생각해 보고, 어떤 물건이 여러분의 예산 범위 안에서 순위가 높은지 확인할 수 있어요. 여러분에게 들어올 돈은 분명 제한되어 있기에 예산을 짜면 우선순위가 높은 물건에 돈을 쓸 수 있어요. 우선순위를 매기면 더 의미 있는 소비를 할 수 있고, 재정적으로 여유 있게 지낼 수 있답니다.

셋째, 예산을 짜면 유연하게 돈을 쓸 수 있어요. 예산을 짤 때는 음식, 옷, 학용품, 여가 활동 등에 각각 얼마를 쓸지 결정합니다. 이렇게 하면 더 큰 목표 아래에서 세부적인 조정을 할 수 있다는 장점이 생겨요. 예를 들어 주말에 친구들과 영화를 보러 가고 싶다면 앞으로 며칠 동안 다른 데 쓸 돈을 아껴야 하겠지요. 그래야 친구들과 놀러 갈 때 필요한 돈이 생길 테니까요.

마지막으로 가장 중요한 것은 앞으로 언젠가 꼭 사고 싶은 비싼 물건을 살 전략을 세울 수 있다는 겁니다. 만약 여러분이 최고급 사양의 노트북을 사고 싶다거나, 정말 좋아하는 스포츠 팀의 경기를 직접 보고 싶다면 특별한 지출을 위해 돈을 모아야 할 거예요. 많이 모으면 모을수록 원하는 목표에 더 빨리 도달할 수 있겠지요.

　　베니의 월간 예산을 살펴봅시다. 베니는 이번 달에 12만 원이 들어오리라 예상했어요. 그래서 음식, 음료수, 학용품, 옷 구입을 위해 8만 7000원을 쓰기로 계획을 세

베니의 월간 예산

들어올 돈 (수입)

⊕ 베이비시터 일로 버는 돈	80,000원
⊕ 용돈 (매주 1만 원×4)	40,000원
∴ 총 월 수입액	120,000원

나갈 돈 (지출)

⊖ 음식 (매주 1만 5000원×4)	60,000원
⊖ 음료수 (매주 2000원×4)	8,000원
⊖ 학용품	7,000원
⊖ 티셔츠	12,000원
∴ 총 월 지출액	87,000원
기부금	3,000원
총 월 지출 및 기부금	90,000원
한 달에 저축할 수 있는 돈	30,000원

웠어요. 기부금으로 지출할 3000원도 책정해 두었고요. 이번 달이 끝나면 3만 원을 모을 수 있으리라 예상해요. 보다시피 이렇게 예산을 짜 두면 소비를 조절하고 우선순위를 정할 수 있습니다. 돈을 어떻게 쓸지 결정할 수 있고, 미래를 위해 일정하게 저축할 수 있지요.

충동구매 줄이기

충동구매는 아무런 계획 없이, 혹은 결과를 고려하지 않고 물건을 사는 거예요. 순간적인 감정과 기분에 따라 충동구매를 하게 됩니다. 많은 사람이 필요나 욕구를 빨리 충족하기 위해 충동적으로 물건을 삽니다. 어떤 사람들은 세일하는 물건을 보면 흥분을 참지 못하고 충동적으로 집어 들기도 하지요. 슬픈 일이 있거나 스트레스를 받을 때 충동적으로 물건을 사는 사람도 있어요. 쇼핑을 하면 행복해지고 긴장을 푸는 데 도움이 되기 때문이지요.

충동구매 물건은 사탕, 초콜릿, 장난감처럼 작은 물건부터 신발, 스마트폰, 최신 텔레비전, 자동차 등 값비싼 것에 이르기까지 그 범위가 무척 넓어요. 충동적으로 물건을 사면 재정난에 빠질 수도 있어요. 필요한 물건을 사기 위해 꼭꼭 모아 둔 돈을 충동구매에 쓸 때 특히 그렇지요.

때로는 충동적으로 물건을 사는 것도 괜찮습니다. 단, 그 비용이 얼마 되지 않고 보상이 클 때 그렇다는 말이에요. 예를 들어 마트 계산대에 줄을 서다가 진열대에 놓인 사탕이나 초콜릿을

집어 든다거나, 며칠 동안 열심히 준비해 시험을 보고 나서 친구들과 영화를 보러 가는 것 정도는 괜찮아요. 하지만 스마트폰, 보석, 자동차처럼 목돈이 들어가는 물건을 살 때는 절대 충동적이어서는 안 됩니다. 충동적으로 구매하는 값비싼 물건은 대부분 불필요한 구매에 해당하기 때문이에요. 이런 행동은 여러분의 재정을 쉽게 망쳐 버릴 수 있어요.

가끔씩은 충동구매를 참기 무척 어렵습니다. 비용이 많이 들지 않으면서 보상이 큰 물건일 경우에는 특히 그렇지요. 이런 소비에 대비하기 위해 어떤 사람들은 예산에서 약간의 돈을 '잡비' 항목에 넣어 두기도 합니다. 이렇게 하면 큰 문제를 일으키지 않고 욕구를 채울 수 있거든요.

 나에게 필요한 것에는 ○, 필요하지는 않지만 갖고 싶은 것에는 △를, 필요하지도, 갖고 싶지도 않은 것에는 □ 표시를 해 봅시다!

반지	다이어리	텀블러	샤프	에어팟	염색약	스웨터	만화책
백팩	핸드폰	슬라임	필통	운동화	기타	양말	영화표
	지갑	책	침대	후드티	립밤	노트북	

 다음 문제에 적절한 답을 써 봅시다.

➡ 예산을 짜기 전에 정해야 하는 것은?

| ㅇ | ㅅ | ㅅ | ㅇ |

➡ 계획 없이 미래를 생각하지 않고 물건을 사는 행동은?

| ㅊ | ㄷ | ㄱ | ㅁ |

[정답] 우선순위, 충동구매

비용과 가격

- 가격 알아보고 비교하기
- 세금은 당연히 내는 것
- 큰돈이 드는 물건은 총비용을 미리 고려하자
- 수요가 많으면 가격은 오른다
- 프리미엄이 붙은 물건은 가능한 한 사지 말자

가격 알아보고 비교하기

여러분이 사는 재화와 서비스의 가격은 가게마다 다를 수 있어요. 때때로 똑같은 물건 가격이 같은 동네에서도 각기 다를 수 있고요. 이처럼 가격이 다른 이유에는 여러 가지가 있어요. 어떤 가게에서는 손님에게 더 많은 서비스를 제공한다는 이유로 가격을 높게 책정하기도 합니다. 더 충실한 고객 서비스, 청결하고 정돈된 가게, 다양한 제품 선택 범위, 보다 만족스러운 보상과 교환 정책 등을 위해서요. 한편 낮은 가격으로 물건을 파는 가게도 많아요. 매장 유지 비용을 줄이는 대신 고객들에게 가격 혜택을 주겠다는 것이죠. 또 주변의 경쟁 업체보다 1원이라도 더 싸다는 것을 내세워 가격을 공격적으로 정하는 가게도 있고요.

이처럼 똑같거나 비슷한 물건이라 할지라도 가격이 다르기 때문에, 여러분은 물건을 구입하기 전에 가격을 비교해서 돈을 아낄 수 있어요. 값비싼 물건이나 여러분이 자주 구입하는 물건을 살 때는 특히 그렇죠. 가격이 비싼 편인지 저렴한 편인지 알아보기 위해서는 조사하고 비교해 봐야 합니다. **비교 구매**는 물건을 구입하기에 앞서 여러 판매처의 제품과 서비스 가격을 비교하는 것을 말해요.

이제는 인터넷 덕분에 쉽고 편리하게 비교 구매를 할 수 있어요. 인터넷에서 가격을 비교해 보면, 온라인 몰이라 하더라도 파는 곳마다 가격이 다르다는 걸 확인할 수 있습니다. 동네 가게마다 가격이 다르다는 것도 알 수 있고요. 비교 구매는 예산을 절약하는 데 유용해요. 스마트폰이나 컴퓨터 같은 비싼 물건을 구매할 계획이 있을 때는 더욱 그렇죠. 가격 차이에 관심을 기울이면 여러분에게 맞는 곳에서 현명하고 바람직한 소비를 할 수 있습니다.

온라인 쇼핑의 경우, 배송 비용도 고려해야 해요. 배송 비용이 포함되면 여러분이 처음 본 가격보다 최종적으로 지불하는 비용이 늘어날 수 있으니까요. 몇몇 온라인 몰에서는 특정 금액 이상을 구매하면 무료 배송을 해 줍니다. 오프라인 매장에 직접 방문해서 물건을 받으면 배송 비용을 안 받는 경우도 있고요. 취급 수수료를 받는 온라인 판매처는 멀리하세요. 그런 곳은 싼 가격으로 손님을 유혹하지만 결국 수수료 명목으로 추가 비용을 청구하니까요. 이런저런 이유로 붙는 수수료는 결국 다른 곳보다 돈을 더 많이 내게 만들지요.

가정용품이나 식료품을 구입할 경우, 많은 제품이 각기 다른 크기와 용량으로 포장되어 있고 가격도 제각각이라는 걸 알아차릴 수 있을 겁니다. 이때 가장 좋은 방법은 무게나 용량을 '단위당 가격'으로 비교해 보는 거예요. 보통 대용량 제품은 단위당 가격이 저렴해요. 즉, 더 싸게 물건을 살 수 있다는 뜻이죠. 하지만 묶음 판매나 대용량 제품은 아무리 가격이 싸더라도 유통

어떤 감자칩을 구매하는 게 가장 좋을까요?

1000원	3000원	4000원
단위당 가격	단위당 가격	단위당 가격
1000원 ÷ 28g = 약 36원	3000원 ÷ 283g = 약 11원	4000원 ÷ 454g = 약 9원

기한 전까지 그 물건을 다 사용할 수 있는지 확인하고 사야 합니다.

보다시피 파티 사이즈 감자칩이 단위당으로 가장 싸기는 해요. 하지만 뭐가 가장 적합한 구매일지는 여러분의 필요에 따라 다릅니다. 배고픔을 달래기 위해 빨리 먹고 싶다면, 혹은 맛만 좀 보고 싶다면 1000원짜리 스낵 사이즈가 제일 좋을 거예요. 많이 사 봤자 먹다가 질려서 남기게 되고, 남은 감자칩이 눅눅해져 버리기만 할 테니까요. 하지만 여러분이 감자칩을 정말 좋아하거나 가족과 친구와 함께 나눠 먹고 싶은 경우라면 당연히 대용량 제품을 사는 게 좋겠지요!

세금은 당연히 내는 것

가게에서 물건을 살 때, 영수증의 가격 일부가 **세금** 항목으로 매겨지는 걸 알아차린 친구도 있을 거예요. 여러분을 포함해 누구나 세금을 내야 하기 때문이죠. 세금은 개인과 기업이 정부에 내는 돈을 말합니다. 정부는 걷은 세금으로 국민에게 교육, 건강 관리, 편의 시설, 안전 등을 제공합니다. 세금으로 걷은 수입으로 도로, 다리, 병원, 학교, 도서관 등 사회 기반 시설을 건설할 뿐만 아니라 정부를 위해 일하는 사람들에게 임금을 줘요. 또 세금은 거리, 공원, 벤치 등 기타 공공질서와 청결을 유지하는 데 사용되지요.

정부는 여러 가지 방식으로 개인과 기업으로부터 세금을 거둬들입니다. 직장에서 일을 하거나 사업을 하며 돈을 벌면 정부는 **소득세**를 걷을 거예요. 주택, 토지, 건물 같은 고정 자산 소유주들은 **재산세**를 냅니다. 책, 자동차, 핸드폰과 인터넷 사용 등 특정한 물건이나 서비스를 구입한 구매자들에게는 **부가 가치세**를 청구하지요.

여러분이 자라서 돈을 많이 벌기 시작하면 아마 번 돈을 그대로 다 받지 못할 겁니다. 일부는 정부에 소득세로 내야 하거든요. 회사에서 일한다면 고용주는 임금에서 소득세를 낼 만큼의 돈을 계산해 정부에 보낼 겁니다. 자영업자라면, 그러니까 직접 사업을 하거나 독자적으로 일한다면 번 돈의 일정 부분을 모아 두었다가 연말에 세금으로 내야 할 거예요. 소득세를 내지 않으면 가산세 같은 불이익을 받게 되니 유의해야 해요.

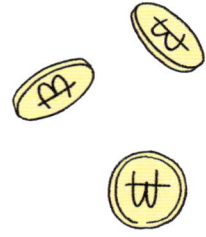

큰돈이 드는 물건은
총비용을 미리 고려하자

제 기능을 발휘하려면 추가 비용이 드는 물건들이 있습니다. 비디오 게임, 핸드폰, 컴퓨터, 자동차가 그렇지요. 세금을 더해 여러분이 마주할 추가 비용에는 기름값, 전기료, 구독 요금, 보험료, 유지 비용, 수리 비용 등이 포함돼요. 좀 더 자세히 설명하기 위해 핸드폰과 자동차를 구입할 때 들어가는 비용을 한번 살펴보도록 합시다.

핸드폰은 상대방과 통화하고, 메시지를 주고받고, 인터넷에 접속하는 데 필요합니다. 와이파이를 쓸 수 있다면 추가 비용 없이 인터넷에 접속할 수 있어요. 하지만 와이파이가 없는 곳이라면 인터넷 서비스에 가입하지 않았을 경우, 인터넷에 접속할 수 없지요.

핸드폰과 인터넷 서비스 가입 비용은 통신 회사마다 다를 수 있어요. 가입한 조건에 따라 다를 수도 있고요. 요금제의 기본 혜택과 사용할 수 있는 데이터 양이 많으면 많을수록 비용은 더 비싸지겠지요. 핸드폰 사용 요금은 한 달에 1만 원에서 10만 원까지 다양합니다. 만약 한 달에 2만 원짜리 기본 요금제에 가입

했다고 해 봅시다. 여러분이 서비스를 이용하기 위해 일 년에 24만 원을 내야 한다는 뜻이지요(12개월×2만 원). 그러니 핸드폰을 싸게 살 수 있다 하더라도 핸드폰과 인터넷 서비스를 이용하는 데 필요한 비용을 모두 고려해야 합니다. 그렇지 않으면 이 비용이 여러분의 예산 계획에 차질을 빚을 수도 있기 때문이에요.

자동차를 사는 건 핸드폰을 사는 것보다 훨씬 더 복잡해요. 자동차를 살 계획이 있다면 운전하고 유지하는 데 들어가는 추가 비용과 책임까지 진지하게 고려해야 합니다. 우선 자동차 가격에 더해 세금 및 기타 비용이 듭니다. 다음으로, 자동차를 굴리려면 기름을 넣어야 합니다(전기 자동차의 경우 전기 충전 비용을 내야겠지요). 많이 사용할수록 기름을 더 많이 넣어야 해요. 학교나 직장에 차를 몰고 간다면 주차비를 내야 할 경우도 있을 겁니다. 또 자동차를 등록할 때 등록 비용을 내야 합니다. 자동차를 깨끗하고 안전하게 유지하기 위해서는 정기적으로 엔진 오일을 교환하고 에어 필터도 갈아 줘야 해요. 때로는 자동차가 고장 날 수도 있겠지요. 그러면 부품을 새로 사고 정비소에 수리도 맡겨야 해요. 일정 기간이 지나면 타이어도 갈아야 하고요.

자동차는 어른에게도 비싼 물건이기 때문에 대출을 받아 사고 차차 빚을 갚아 나가는 경우가 많습니다. 만약 자동차 구입 자금을 대출받았다면 은행은 여러분에게 빌려준 대출금에 대한 이자를 청구할 거예요. 한편 자동차를 사면 자동차 보험에 가입해야 해요. **보험**은 위험과 손해를 관리할 수 있게 도와주는 경제적인 도구입니다. 갑작스러운 사고나 병처럼 앞으로 발생할지 모를 일에 대비해 미리 일정한 돈을 내고, 조건이 성립하면 정해진 금액을 지급하는 제도죠. 보험에는 주택 보험, 건강 보험, 생명 보험, 자동차 보험 등 여러 종류가 있어요. 자동차 보험은 사고가 일어났을 때 혹은 흠집이 나거나 누군가 자동차를 훔쳐 가는 등 안 좋은 일이 생겼을 경우에 운전자를 경제적으로 도와줍니다. 자동차 사고가 일어나면 보험 회사는 수리 비용을 포함한 손해를 보상해 줄 뿐만 아니라 상대방의 자동차, 사람, 재산에 대한 수리와 보상도 처리해 줍니다. 하지만 보험은 공짜가 아니에요. 보험료는 엄청나게 비쌀 수도 있어요. 안전 운전 경력이 짧은 젊은 층, 무모하거나 사고 기록이 많은 운전자의 경우에는 특히 그렇지요.

이처럼 자동차를 소유할 때 발생하는 총비용은 매달 내야 하는 할부금보다 더 많습니다. 자동차 한 대를 굴리기 위해 필요한 실제 비용을 미리 고려하면 좀 더 정확하고 현실적인 예산을 짜는 데 큰 도움이 돼요. 지불해야 할 비용을 알면 더 철저하게 대비할 수 있어요. 만약 총비용이 큰 부담으로 다가온다면 구입을 미루고 돈을 좀 더 모아야겠지요. 모든 비용을 다 낼 수 있을 정도로 충분한 돈을 모을 때까지 말이에요. 만약 자동차를 당장 사야 하지만, 유지 비용을 감당하기 힘들다면 어떻게 해야 할까요? 그럴 때는 좀 더 싼 자동차를 알아보는 게 현명할 수도 있어요. 그렇게 하면 매달 내야 하는 유지 비용이 덜 들어갈 테니까요.

수요가 많으면 가격은 오른다

혹시 **수요**와 **공급**에 대해 잘 알고 있나요? 잠깐 확인해 봅시다. 수요가 많은데 공급이 따라 주지 않으면 재화의 가격은 오르는 경향이 있습니다. 반대로 수요가 별로 없거나 시장에서 살 수 있는 재화의 공급이 넘쳐나면 가격은 내려가지요. 수요와 공급의 변화가 가격 변동에 어떤 영향을 미치는지 두 가지 시나리오를 살펴보도록 합시다.

2020년 초 코로나바이러스가 전 세계를 강타했을 때, 마스크와 장갑 같은 개인 위생용품, 세정제와 화장지 같은 가정용품 가격이 천정부지로 치솟았습니다. 물건이 동날까 봐 사람들이 집에 엄청 쌓아 두었기 때문이지요. 흥미롭게도 팬데믹 기간 동안 닌텐도 같은 게임기 가격 또한 올랐습니다. 많은 사람이 외출을 삼가고 집에서 지내자 부모님들은 가족의 오락거리에 관심을 가질 수밖에 없었는데, 비디오 게임이 좋은 역할을 해 주었거든요. 게임기를 비롯해 전 세계적으로 수많은 제품의 공급이 크게 줄어들었습니다. 팬데믹 기간 동안 수많은 공장이 가동을 멈추고 한동안 문을 닫았기 때문이에요. 결국 상황이 안정되자 이런 물건들의 가격은 팬데믹 이전 수준까지 떨어졌습니다.

또 하나의 좋은 예는 아이폰8입니다. 2017년 아이폰8이 출시되었을 때 가격은 70만 원 정도였습니다. 수요는 엄청 많았고, 수많은 아이폰 충성 고객들이 일찍부터 매장 앞에 줄을 선 채 기다렸어요. 그러다 결국 수요는 서서히 줄어들었지요. 2018년에는 아이폰8을 60만 원 정도에 살 수 있었습니다. 2019년, 아이폰11이 출시되자 아이폰8의 수요는 크게 줄었어요. 사람들이 최신 버전을 사려고 했으니까요. 그즈음 아이폰8의 가격은 45만 원까지 떨어졌어요. 결국 처음 가격에 비해 25만 원이 내려간 거죠. 물론 최신 버전을 살 수도 있겠지만 2019년에도 아이폰8은 여전히 기술적으로 앞선 근사한 제품이었습니다.

수요가 많아서 물건 가격이 오를 때는 기다리거나 비교 가능한 대안을 찾는 것도 좋은 방법이 될 수 있어요. 수요가 몰리는 물건을 당장 사야 한다는 압박이 없는 경우에 아주 유용한 방법이지요. 다른 선택의 여지가 없어 그 물건을 사야 하는 경우가 있을지라도, 가격이 떨어질 때까지 꾹 참고 기다리거나 좀 더 저렴한 대안을 고려해서 돈을 아끼는 방법도 있답니다.

오늘부터 내 꿈은 똑똑하고 현명한 소비자!

앤드루가 고른 오늘의 경제 문장

똑똑하고 현명한 소비자가 되는 것이야말로 부자가 되는 첫걸음입니다.

- 마크 큐반 -

기업가, 투자자

프리미엄이 붙은 물건은 가능한 한 사지 말자

물건 가격에 **프리미엄**을 붙여 파는 가게가 있습니다. 프리미엄이 붙으면 당연히 물건값은 비싸져요. 가게의 전략적 위치 때문에 고객에게 제공하는 특별한 혜택을 이유로 가격을 높여 판매하기도 합니다. 편의점, 공항 내부 음식점, 영화관 매점, 기념품 가게, 자판기 등이 이런 경우에 해당해요.

편의점은 규모가 비교적 작은 소매점으로 식품, 음료, 가정용품, 의약품, 세면도구, 잡지 등 온갖 물건을 팔지요. 편의점은 보통 접근이 무척 용이하거나 주차가 편리한 곳에 자리 잡고 있어서 손님은 쉽게 차를 세우고 필요한 물건을 금방 살 수 있어요. 그래서 차를 잠시 멈추는 주유소 바로 옆에 편의점이 있는 경우도 많아요. 또 대개의 편의점은 24시간 문을 열어서 한밤중에도 물건을 살 수 있지요. 많은 사람이 비싼 걸 알면서도 편의점에서 물건을 사려 해요. 편의성과 접근성이 중요하니까요.

공항에 갈 일이 생긴다면 그 안에서는 모든 게 비싸다는 걸 금방 알아차릴 수 있을 거예요. 공항에 입점해 있는 대부분의 가게는 물건을 비싸게 팔아요. 공항 안에서 가게를 운영하려면 비용이 더 많이 들기 때문에 이용하는 승객들이 이곳에서밖에 물건을 살 수 없다는 상황을 이용하는 거지요. 비행기를 기다리는 동안 당장 필요한 물건은 공항 가게에서 사는 것 말고 다른 방법이 없으니까요.

또 여러분은 영화관 매점에서 팝콘, 콜라, 과자가 모두 비싸다는 걸 눈치챘을 거예요. 영화관에서 과자랑 음료수를 사 먹다 보면 영화표 값보다 더 많은 돈이 들곤 해요. 영화표만 사는 사람도 있지만 어떤 사람은 영화관을 맘껏 즐기기 위해 팝콘이나 음료수에 돈을 쓰기도 하거든요.

프리미엄을 붙이는 가게가 제공하는 편리함을 즐기기 위해 많은 이들이 기꺼이 추가로 돈을 냅니다. 하지만 그런 가게에서 돈을 쓴다면 같은 양의 돈으로 물건을 훨씬 적게 살 수밖에 없겠지요. 영화관, 편의점, 공항에 있는 동안 돈을 쓰고 싶은 충동을 자제한다면 평상시에 더 저렴하게 물건을 살 수 있을 거예요.

 다음 문제에 적절한 답을 써 봅시다.

| 비교 구매 | 프리미엄 | 재산세 | 소득세 | 부가 가치세 |

▶ "뭐야, 저 가게보다 여기가 훨씬 저렴하잖아? 역시 _____ 를 해야 한다니까?"

▶ "주택이나 토지, 건물 같은 고정 자산 소유주들은 _____ 를 내야 해."

▶ "우리가 사는 다양한 물건의 가격에는 사실 _____ 가 포함되어 있어."

▶ "너도 나중에 직장에서 일을 하거나 사업을 하며 돈을 번다면 _____ 를 내야 한단다."

▶ "공항 내부의 가게들은 전략적 위치상 _____ 을 붙여 판매하기 때문에 다른 곳보다 좀 더 비쌀 수밖에 없더라고."

정답 비교 구매, 재산세, 부가 가치세, 소득세, 프리미엄

3장

돈의 가치를 늘리는 법

- 할인 쿠폰과 프로모션 코드 활용하기
- 특별 행사, 특별 할인 확인하기
- 세일이라고 무조건 사지는 말자
- 중고품과 리퍼 제품으로 절약하기
- 불필요한 신상품 피하기

할인 쿠폰과 프로모션 코드 활용하기

쿠폰은 물건을 할인 가격으로 살 수 있는 티켓이나 종이입니다. 매장과 제조 회사에서 쿠폰을 만들어 이메일, 신문, 잡지, 전단 등을 통해 나눠 줘요. 매장 및 제조사 홈페이지에서 다운로드할 수 있는 쿠폰도 있어요. 어떤 물건을 살 때 얼마나 할인을 받을 수 있는지는 쿠폰에 적혀 있어요. 매장에서 계산하기 전에 쿠폰을 제시하면 계산원은 쿠폰을 적용해 가격을 깎아 주지요.

소매점에서는 소비자들을 매장 안으로 끌어들이기 위해 쿠폰을 발행합니다. 제조사가 발행하는 쿠폰도 있는데, 자신이 만든 물건을 소비자가 사용해 보도록 권하는 것이 목적이지요. 대부분의 쿠폰에는 만기일이 적혀 있어서 날짜가 지나면 그 쿠폰은 아무짝에도 쓸모가 없어진답니다.

프로모션 코드와 **할인 코드**는 컴퓨터로 만든 숫자와 문자가 조합된 코드로, 할인이나 무료 배송 같은 혜택을 이용할 수 있습니다. 온라인으로 물건을 살 때 이 할인 코드를 사용하지요. 할인 코드의 기본 개념은 종이 쿠폰과 비슷합니다. 소비자는 온라인으로 결제하기 전에 할인 코드를 적용합니다. 할인 코드는 인터넷에 접속해서 얻을 수 있으니 검색을 통해 할인 코드를 찾으면 돼요. 수많은 블로그를 포함한 인터넷 정보를 통해서도 할인 코드를 공유합니다. 매장이나 제조사 홈페이지에 가입해서 받을 수도 있어요. 때로는 효력이 없는 할인 코드를 얻을지도 모르지만, 구매 버튼을 누르기 전에 미리 확인해 보는 노력을 기울일 만한 가치는 있지요. 그러면 돈을 아낄 수 있을 지도 모르잖아요!

할인 쿠폰과 할인 코드를 사용하는 건 나름대로 장점과 단점이 있어요. 장점은 소비자가 구매할 때 얼마를 절약할 수 있는지 곧장 확인할 수 있다는 겁니다. 반면 단점은 꼭 필요하지 않은 물건을 사고 싶어지는 유혹에 빠지기도 한다는 거예요. 할인 쿠폰이 있으면 당장 그 물건이 필요하지 않은데도 싸게 살 수 있는 기회를 놓치고 싶지 않아서 충동적으로 사 버리는 거죠. 할인 쿠폰을 잘 활용해 돈을 절약하기 위해서는 평소 자주 사는 물건이나 구매 계획을 미리 세워 둔 물건에 사용해야 해요.

종이 쿠폰을 사용하지 않는 사람도 있어요. 종이 쿠폰을 내미는 게 괜히 구질구질해 보인다고 느끼기 때문이지요. 하지만 그렇지 않아요. 오히려 할인 쿠폰을 잘 알고 쓰는 사람이 똑똑한 소비자지요. 할인 쿠폰이나 할인 코드를 사용해 돈을 아끼면 여러분이 저축할 돈이 더 생기잖아요. 물건을 살 때마다 할인 쿠폰을 사용할 필요는 없지만, 꼭 사야 하는 물건에 마침 할인 쿠폰을 쓸 수 있다면 그만한 가치가 있습니다. 어쨌든 사야 할 물건을 사면서 돈을 절약하는 건 정말 기분 좋은 일이니까요.

특별 행사, 특별 할인 확인하기

가끔씩 판매점들은 제품이나 서비스를 홍보하기 위해 특별 행사나 할인을 합니다. 의류 매장들은 보통 계절이 바뀌거나 새로운 스타일의 신상품이 입고될 때마다 프로모션 할인을 하지요. 패스트푸드 체인점을 비롯한 식당들도 가격에 민감한 소비자를 끌어들이기 위해 할인 행사를 합니다. 학생들만 겨냥한 특별 할인도 꽤 자주 제공하고요.

핸드폰이나 노트북 같은 전자 기기를 살 때, 이전 모델 구입을 고려하면 돈을 절약할 수 있어요. 새로운 버전의 제품이 출시되면 전자 기기 판매점들은 재고를 처리하기 위해 이전 모델을 할인해서 판매합니다. 흥미롭게도 새로운 모델에 반영된 개선 사항은 여러분에게 특별히 중요하지 않거나 그닥 쓸모없는 경우가 많아요. 심지어 새로운 모델과 큰 차이가 없음에도 이전 모델 가격이 더 싼 경우도 있어요. 사실 이전 모델을 구매하면 커다란 장점이 하나 있습니다. 이미 수천 명의 사람들이 그 제품을 써 봤기에 온라인에서 손쉽게 제품 후기를 찾아 읽을 수 있다는 거예요.

많은 판매점에서 매장 안과 밖에 홍보 전단을 붙여 놓고 특별 할인을 제공합니다. 하지만 기간이 분명하게 나와 있지 않은 경우도 있어요. 프로모션 기간이 끝나기도 전에 전단을 내릴 때도 있고요. 입소문으로만 프로모션이 퍼지는 경우도 더러 있습니다.

여러분이 매장에 갈 때, 할인이나 프로모션 적용이 가능한지 물어봐도 괜찮아요. 현재 진행 중인 프로모션이나 특별 행사가 있다면 직원이 알려 줄 거예요. 특히 여러분이 먼저 예의 바르게 물어본다면 더 잘 알려 줄 수도 있어요. 만약 당장 행사가 없다면 언제 진행될 예정인지 귀띔해 주기도 하고요. 할인 행사가 없다 하더라도 물어봐서 손해 볼 건 없잖아요. 만약 우연히 그 매장에서 특별 행사가 진행 중이라면 여러분에게는 행운의 날인 거죠! 프로모션이나 할인에 대한 유용한 정보를 얻을 수 있다면 여러분이 가진 돈의 가치가 늘어나는 거니까요.

세일이라고 무조건 사지는 말자

매장이나 인터넷 쇼핑몰에서 '50퍼센트 할인', '1+1 증정', '재고 정리 대박 세일'이라는 화려한 문구나 배너를 본 적이 분명 있을 거예요. 수많은 소비자들이 이런 할인 홍보에 꽤나 매력을 느끼죠. 어떤 사람들은 이걸 절대 놓쳐서는 안 될 엄청난 쇼핑 기회로 생각해요.

쇼핑은 정말 짜릿한 경험이기도 합니다. 특히 어떤 물건을 엄청 싼 가격에 살 수 있다면 더더욱 그렇지요. 하지만 할인과 프로모션에 지나치게 몰두하면 꼭 필요하지도, 원하지도 않는 물건을 사는 유혹에 빠지고 말 거예요. 아무리 할인을 한다고 해서 원하지도 않는 물건을 사면, 제아무리 저렴하다 해도 좋은 구매는 아니죠.

할인 중인 물건이 이미 여러분의 소비 계획에 들어 있는 경우라면 구입을 고려해야죠. 나중에 필요해질 물건이 할인 중이라면 돈을 절약할 절호의 기회니까요! 학교 갈 때 메는 백팩이 너무 낡았는데 매장에서 엄청 싸게 판다면 할인 행사를 활용해 볼 가치가 충분히 있죠. 할인 중인 괜찮은 가방을 발견했다면 지금 당장 살 수도 있고요. 매던 게 낡아져 더 이상 쓸 수 없을 때 새 가방을 들고 다니면 되지요.

하지만 필요도 없는 물건을 사기 위해 돈을 쓰는 건 현명한 결정이 아닙니다. 그러니 할인 기간 동안 필요한 물건을 찾지 못해서 아무것도 못 샀다고 속상해할 필요는 없어요. 자신이 정말 원하는지 혹은 필요한지 잘 모르는 물건을 억지로 살 바에는 쓰지 않고 모아 두는 게 훨씬 좋습니다. 소비하지 않는 만큼은 저축하는 것과 마찬가지니까요. 여러분이 그 모든 할인과 프로모션의 유혹을 물리치는 겁니다. 다음 세일 행사를 위해 모은 돈을 아껴 둔다면 다음번에는 분명 필요에 꼭 맞는 물건을 살 수 있을 거예요.

중고품과 리퍼 제품으로 절약하기

신발과 새 학기 교재처럼 당장 사야 할 물건이 꽤 있을 거예요. 이럴 때 신제품에 비해 훨씬 저렴한 중고품을 활용하면 좋습니다. 중고로 살 수 있는 물건에는 전자 제품, 가구, 옷, 책 등이 있습니다. 중고품을 사면 돈을 절약할 뿐만 아니라, 재활용으로 환경도 지킬 수 있습니다. 그냥 쓰레기통으로 들어가 쓰레기 매립장에 버려지는 일을 막을 수 있거든요.

중고품을 살 때는 그 물건의 상태가 어떤지, 여전히 쓸모가 있는지, 너무 오래된 물건은 아닌지 확인해야 해요. 중고품은 한 번 사면 환불이나 교환이 안 될 때도 있어요. 온라인으로 살 때는 판매자의 신용을 확인하는 것도 잊지 마세요. 대부분의 애플리케이션과 중고 거래 웹 사이트는 판매자와 구매자가 거래 이후에 후기를 남겨 평가하고 있어요. 평가가 나쁜 매체나 판매자와는 거래를 하지 않는 게 좋아요. 그런 곳에서 파는 물건은 품질이 떨어지거나 부정확한 정보를 제공하는 경우가 많으니까요.

대학에 입학하면 돈이 많이 드는 품목 중 하나가 책입니다. 그런데 일부 출판사들은 자꾸 최신 개정판을 냅니다. 그러면 달라진 내용이 별로 없는데도 상대적으로 예전 판은 시대에 뒤처져 보이겠지요. 하지만 교수님이 예전 판을 사용해도 괜찮다고 한다면, 중고책을 사서 공부하고 아낀 돈으로 학교생활을 하며 다른 곳에 쓸 수 있겠지요.

리퍼 제품은 가게로 반품된 물건을 말합니다. 물건이 반품되는 데는 여러 이유가 있을 거예요. 구매자의 기대에 못 미쳤을 수도 있고 배송 과정에서 포장이 망가져 반품되었을 수도 있지요. 또 구매자의 단순 변심 때문일 수도 있어요. 매장에서는 반품으로 돌아온 물건을 다시 팔기 전에 그 물건을 테스트해 보고, 필요하다면 수리를 할 겁니다. 전기 제품의 경우에는 대부분 공장에서 출시된 대로 소프트웨어를 재설정합니다. 그런 다음 깔끔하게 다시 포장하죠. 보통 리퍼 제품은 신제품과 거의 비슷해요. 그런데도 할인된 가격으로 판매합니다.

핸드폰, 텔레비전, 노트북, 태블릿 같은 전자 제품을 구매할 때는 신제품과 리퍼 제품의 가격을 비교해 보고 싶어져요. 가격에서 큰 차이가 난다면 리퍼 제품을 살까 고민하지요. 하지만 리퍼 제품은 믿을 만한 곳에서 구매해야 합니다. 품질 보증을 제공하거나 반품이 가능하거나 교환 프로그램을 운영하는 곳에서요. 보증서를 제공하거나 반품이 가능하다면 그 매장은 리퍼 제품의 품질을 보장한다는 거겠지요.

★ 클로이가 고른 오늘의 경제 문장 ★

절약은 인색한 게 아닙니다!
딱 필요한 만큼 쓰며
낭비하지 않는 거지요.

- 캐서린 펄시퍼 -
작가

불필요한 신상품 피하기

제조 회사는 제품을 꾸준히 업그레이드합니다. 새로운 버전을 출시해서 경쟁력을 키워 더 많은 제품을 팔려고 해요. 여러분도 빠른 속도, 고해상도, 깔끔한 디자인, 개선된 보안 시스템, 큰 메모리 용량, 더 많은 카메라 렌즈 등 달라진 특징을 홍보하는 수많은 핸드폰 광고를 보았을 거예요.

기술이 끊임없이 발전하는 만큼 사람도 변화에 따라가야 하지요. 제조 회사들이 최신 버전 제품을 출시하면 어떤 소비자는 꼭 사야 할 것 같은 압박을 느끼기도 해요. 하지만 새로운 버전이 출시되었다고 해서 그때마다 물건을 바꿀 필요가 있을까요? 핸드폰의 경우, 사용하는 데 별문제가 없거나 사양과 기능에 불만이 없다면 바꿀 필요는 없어요. 불필요한 신상품 구매를 피하면 당장 더 많은 돈을 모을 수 있습니다. 그리고 꼭 바꿔야 할 때가 왔을 때, 그렇게 모은 돈을 쓸 수 있지요.

나이가 들수록 결국 바꾸거나 꼭 새로 사야 하는 물건이 많이 생겨날 거예요. 예를 들어 자동차, 에어컨, 세탁기, 텔레비전 같은 것들은 자주 고장나곤 해서 수리하고 유지하는 비용이 꽤 많이 들어가기 때문에 전기나 에너지 소비 면에서 비효율적일 수 있어요. 낡은 물건을 포기하고 효율적인 성능의 좋은 물건으로 바꾸는 게 훨씬 더 경제적일 때가 올 겁니다. 그런 순간이 오면 선택 가능한 대안을 모두 조사해 보세요. 가능하다면 올바른 선택에 도움을 줄 믿을 만한 사람에게 조언을 구하는 것도 좋은 방법입니다.

QUIZ 1

쿠폰에는 만기일이 적혀 있어서 날짜가 지나면 사용할 수 없다.

 |

QUIZ 2

할인 기간이 아닐 때 직원분께 할인 일정을 묻는 것은 예의가 아니므로 삼간다.

 |

QUIZ 3

중고품을 살 때는 안전한 거래를 위해 판매자에 대한 이전 리뷰를 먼저 확인해야 한다.

 |

QUIZ 4

신상품에는 이전 제품보다 유용한 기능이 탑재되어 있으니 무조건 사는 것이 이득이다.

 |

정답 O, X, O, X

미디어와 사회적 영향력

- 돈을 쓰게 만드는 마케팅 전략 알아 두기
- 브랜드 vs 보급형, 나에게 맞는 것을 선택하기
- 친구들의 부정적인 압박 이겨내기
- 부러우면 지는 거다

돈을 쓰게 만드는
마케팅 전략 알아 두기

우리는 끊임없이 광고에 노출됩니다. 텔레비전을 켜면 수많은 광고를 보게 될 거예요. 인터넷에 접속하면 팝업 광고가 검색을 방해하고 우편함에는 수많은 전단지가 쌓이곤 하죠. 신문과 잡지는 수십 가지 광고와 홍보 문구로 가득 차 있어요. 또 마케팅 담당자는 옥외 광고판을 활용해 소비자의 시선을 사로잡습니다. 여러분이 쇼핑몰이나 식료품점에 가면 수많은 현수막과 홍보 전단을 마주칠 거예요.

기업은 여러 가지 마케팅 전략에 막대한 돈을 쏟아부어요. 그렇게 만들어진 광고는 우리의 시선을 끌어서 기업이 만든 제품과 서비스를 사용하도록 유인하고, 브랜드에 대한 충성도를 높이면서 돈을 더 많이 쓰도록 유도하지요. 마케팅은 물건을 팔기 위해 무척 중요한 기업 활동이에요.

광고가 제품과 서비스에 대한 유익한 정보를 많이 제공하기도 하지만, 꼭 필요하지도 않은 물건을 사도록 강요하거나 유혹하기도 해요. 다양한 마케팅 전략을 알아차리고 이해하면 때가 아닌 혹은 계획에 없던 구매 유혹을 뿌리칠 힘이 생겨날 거예요.

여기, 여러분이 돈을 더 많이 쓰도록 유혹하는 기업의 여러 가지 마케팅 기법이 있습니다.

- 매장에서 '대박 할인', '마지막 할인' 같은 포스터 활용하기. 사람들을 매장 안으로 끌어들여 계획에 없던 구매를 하게 만드는 전략!
- 마케팅 담당자가 시간이 얼마 남지 않았다는 뉘앙스로 말한다. 단 몇 시간 동안만 프로모션을 한다거나 수량이 한정되어 있다고 광고해서 소비자들이 제한 시간 전에 혹은 물건이 다 팔리기 전에 빨리 구매해야겠다는 압박을 느끼게 하는 것이다.
- 대개의 식료품점에서는 우유나 계란처럼 꼭 필요한 생필품을 뒤쪽이나 구석에 진열한다. 이렇게 하면 고객들은 필요한 물건을 사기 위해 매장을 한 바퀴 돌며 좀 더 오랜 시간을 보내게 된다. 매장 안에 오래 머물며 구경하는 고객들은 원래 계획했던 것보다 물건을 더 많이 구매할 가능성이 높아진다.
- 계산대 쪽 통로에는 작은 물건을 가지런히 진열해 놓는다. 고객들이 계산 직전에 그 물건을 사거나 충동구매를 하도록 유도하는 방식.

- 대기업의 경우에는 연예인이나 유명 인사들을 동원해 제품을 홍보하고 품질을 보증한다. 유명인의 인기와 영향력 덕분에 팬들을 비롯해 많은 사람이 그 물건에 대해 관심과 믿음을 갖게 되기 때문이다.
- 기업들은 자신의 제품을 영화, 드라마, 예능, 게임에 노출하려고 심혈을 기울인다. 영화 주인공이 특정 브랜드의 신발, 옷을 착용하거나 자동차를 타는 식으로 **간접 광고**를 하는 것이다. 소비자가 자연스럽게 그 브랜드에 긍정적인 느낌을 갖고 물건을 살 때 그 제품을 떠올리도록 이끄는 방식이다.

광고를 비롯한 다양한 마케팅 홍보는 여러분에게 제품과 서비스의 유용한 정보를 많이 알려 줘요. 정보를 더 많이 알수록 더 나은 결정을 내릴 수 있지요. 또 미처 몰랐던 새로운 제품을 소개해 주기도 해요. 여러분이 찾는 물건에 대해 꽤 많은 정보를 알려 준답니다. 하지만 딱히 필요하지 않은 물건에 돈을 쓰도록 유혹하기도 합니다. 그러니 이런 광고의 속성을 미리 간파해서 마케팅 전략이 여러분의 구매와 저축 결정을 조종하지 못하게 해야 해요.

브랜드 vs 보급형, 나에게 맞는 것을 선택하기

우리는 여러 가지 이유로 브랜드의 제품을 삽니다. 많은 사람이 브랜드명을 좋은 품질과 동격으로 생각해요. 어떤 사람은 실제로 써 보니 만족스러웠던 경험이 있어서 특정 브랜드를 선호하지요. 반면 부유해 보이고 싶거나 그 브랜드 제품을 쓰는 친구들과 어울리기 위해 브랜드 제품을 사는 사람도 있어요.

브랜드 제품을 생산하는 제조 회사는 광고, 보증, 포장에 많은 돈을 들여 제품의 인기를 높이고, 독특해 보이게 만듭니다. 이렇게 마케팅과 프로모션에 막대한 돈을 들이기 때문에 제품을 비싼 가격에 팔아야 해요. 또 가격을 비싸게 책정해서 다른 회사와의 경쟁을 피하려고 합니다. 많은 사람이 비싼 가격을 좋은 품질이라 연결 지어 생각하기 때문이지요.

한편 **보급형 상품**은 브랜드 상품과 기본적으로 비슷하지만 광고를 거의 하지 않는 것을 말합니다. 보급형은 브랜드와 비교했을 때 특별히 눈에 띄지 않게 포장합니다. 광고와 포장에 많은 돈을 들이지 않기 때문에 일반적으로 브랜드 제품에 비해 가격이 저렴한 편이에요.

보통 브랜드 제품의 질이 보급형 상품보다 더 좋다고 생각하지만, 그걸 사는 게 언제나 현명한 선택은 아니에요. 덜 유명한 브랜드나 일반적인 상품도 품질이 비슷한 경우가 많아요. 비싼 가격표를 단 물건을 구매하지 않고도 보급형 상품으로 같은 혜택을 누릴 수 있어요.

흥미롭게도 일부 기업은 자사 제품의 보급형 버전을 만들어 팔기도 합니다. 브랜드 물건을 사서 과시할 생각이 없는 소비자들까지 붙잡기 위해서지요. 이 경우, 같은 제품의 포장을 달리하거나 다른 버전의 제품을 생산합니다. 그러고는 가격에 민감한 소비자를 고려해 경쟁력 있는 가격을 책정하지요.

사람마다 선호도와 인식이 달라요. 브랜드 제품을 산다고 해서 무조건 잘못된 건 아니에요. 하지만 최고급 브랜드 제품과 비교하여 조금 더 싼 대용품을 고려한다면 돈을 절약할 수 있어요. 저렴한 물건에 별다른 거부감이 없다면 여러분은 보급형 상품을 사고 남은 돈을 저축할 수 있을 거예요.

친구들의 부정적인 압박 이겨내기

또래 압력이란 또래들과 똑같이 해야 한다고 느끼는 것, 또래들의 기대에 맞게 행동하고 따르려는 것을 말합니다. 또래 압력은 긍정적인 영향을 미칠 수도, 부정적인 영향을 미칠 수도 있어요. 학교에서 잘나가는 친구가 열심히 공부하고, 목표에 집중하라며 격려한다면 긍정적인 또래 압력을 경험할 겁니다. 반면,

만약 친구를 따라 수업을 빼먹거나 술을 마시고 담배를 피운다면 이 또래 압력은 부정적인 영향을 주죠. 우리 대부분은 또래 압력에 굴복하는데, 그 이유는 함께 어울리고 싶기 때문입니다. 친구에게 거부당하거나 모멸감을 느끼고 싶지 않기 때문이에요.

또래 압력은 돈을 관리하는 데에도 큰 영향을 미칠 수 있습니다. 여러분은 특정 브랜드의 옷을 사거나 비싼 전자 기기를 사야 한다는 스트레스를 받을 수 있어요. 그런 게 있다면 친구들과 더 쉽게 어울릴 수 있으니까요. 친구들과 함께 쇼핑몰이나 파티에 가서 놀 때도 압박을 느낄 수 있습니다. 뒤처지거나 동떨어진 모습을 보이기 싫겠지요. 하지만 이를 이겨내지 못하면 여러분은 금전적인 목표에 빨리 도달할 수 없어요. 또 재정 문제에 빠질지도 몰라요. 얕보이거나 소외당하지 않겠다는 이유만으로 무언가를 사다 보면 미래에 중요한 것을 사려고 힘들게 모아 둔 돈을 다 써 버리게 되겠죠.

부정적인 또래 압력을 거부하는 건 쉽지 않습니다. 특히 오랜 친구 관계에서는 더더욱 그래요. 하지만 친구들이 부적절한 압박을 가한다면 싫다고 당당하게 말해야 합니다. 안 좋은 영향을 끼치는 친구와는 거리를 둬야 해요. 만약 이런 상황 때문에 어려움에 빠졌다면 부모님이나 상담 선생님께 말해야 합니다. 이분들은 부정적인 또래 압력을 거부할 수 있도록 도움을 주고 지원해 줄 거예요.

반대로 여러분이 친구에게 긍정적인 영향을 주는 사람이 될 수도 있어요. 친구가 잘못된 선택을 하는 것 같다면 무엇이 올바른 행동인지 이야기하며 설득해 보세요. 특히 돈과 관련한 문제에서는요. 긍정적인 행동을 함께하는 친구들이 많을수록 서로가 좋은 행동과 현명한 선택을 할 수 있으니까요.

친구들은 서로 성장하고 더 나은 사람이 될 수 있도록 도와줄 수 있습니다. 진정한 친구는 여러분을 나쁜 상황으로 이끌지 않아요. 만약 문제 상황을 직면한다면 기분이 좋을 리 없을 거예요. 물론 이건 어려운 문제입니다. 하지만 여러분은 친구들에게 훌륭한 롤 모델이 될 수 있어요. 친구들이 과소비하는 모습을 본다면 현명한 소비를 해야 한다는 것을 상기시키고, 걱정하는 모습을 보여 주세요. 그렇다고 친구들의 소비 습관을 늘 예의 주시하고 통제하라는 뜻은 아니에요. 그저 돈 관리를 좀 더 잘할 수 있도록 자극해서 친구들의 성공을 돕고 있다는 걸 보여 주세요. 그러면 어느새 친구들의 믿음과 존경을 한 몸에 받게 될 거예요.

> 내가 올바르다 생각하는 가치를 지키는 게 중요하다는 걸 잊지 말아야지.

✷ 베니가 고른 오늘의 경제 문장 ✷

삶에서 가장 중요한 건 성실하게 살아가는 것, 그리고 또래 압력에 굴복해 자신과 어울리지 않는 것을 억지로 시도하지 않는 겁니다.

- 엘런 드제너러스 -
코미디언, 영화배우

부러우면 지는 거다

어쩌면 친구가 여러분보다 넓은 집에 살고, 비싼 차를 타고 등교하고, 훨씬 최신의 전자 기기와 옷을 갖고 있을지도 몰라요. 친구들이 나보다 훨씬 좋고 비싼 물건을 가진 걸 보면 부러울 때가 있겠지요. 때로는 이런 것들 때문에 무척 심란할 수도 있을 겁니다. 같은 제품이나 더 좋은 걸 사고 싶어지겠지요. 그래서 부모님에게 신상 운동화를, 유행하는 청바지를, 친구와 똑같은 새 핸드폰을 사 달라고 조르게 되죠. 아니면 직접 사기 위해 모아 둔 돈을 다 써 버릴 수도 있고요. 친구들을 따라잡고 싶으니까요.

불행하게도 친구를 따라잡으려는 노력은 늘 지는 게임입니다. 가까이 다가갈 때마다 항상 훨씬 더 좋은 물건을 산 누군가가 있기 때문이에요. 최신 핸드폰이나 전자 기기를 사더라도 금방 또 새로운 버전이 나올 거예요. 그때가 되면 여러분의 것이 다시 구식이 되겠지요. 친구 중 누군가는 또 분명 새로 나온 모델을 샀을 테니까요.

친구의 물건과 자기 것을 비교하다 보면 왠지 불행하고 화가 날 수도 있어요. 하지만 친구네 가족의 경제 상황이 어떻게 돌아가는지 여러분은 잘 모릅니다. 어쩌면 친구의 부모님이 직업이나 사업으로 성공한 걸지도 모르죠. 그래서 정말로 값비싼 물건을 살 형편이 될 수도 있어요. 하지만 일부는 빠듯하게 살아가며 터무니없이 호화로운 생활을 누릴 여유가 없는데도 그냥 신용 카드를 마구 긁어대거나 빚에 시달리는 상황일 수도 있어요. 저축을 충분히 해 두지 않아 비상사태거나 미래를 위한 대비를 못 하고 있을지도 모르죠.

내가 가진 것과 다른 사람이 가진 것을 비교할 필요는 없습니다. 우리 가족은 그 사람들과 다른 재정적 목표와 우선순위를 갖고 있기 때문입니다. 돈을 펑펑 쓰는 가정과 우리 집 소득이 같아도, 우리 부모님은 별 필요도 없는 비싼 물건을 사는 데 돈을 허투루 쓰고 싶어 하지 않을 수 있어요. 우선순위는 사람마다 다릅니다. 비싼 물건을 포기하면 스포츠와 여행처럼 만족감이 더 높은 활동에 참여할 기회가 많아질 거예요. 대학교 등록금과 노후 자금을 모으고, 언제 닥칠지 모를 위기에 대비할 돈을 모아 두는 게 부모님의 우선순위일 수도 있어요.

다른 사람들이 무엇을 가졌는지 들여다보며 그걸 따라가려 하지 않고 내 우선순위에 초점을 맞춘다면, 그리고 살아가며 진정으로 오래가는 행복을 가져올 중요한 것에 초점을 맞춘다면 우리는 훨씬 더 만족스러운 삶을 살 수 있을 거예요.

나를 표현할 수 있는 개성을 찾으면 명성도 절로 따라오겠지?

★ 조피가 고른 오늘의 경제 문장 ★

명성보다는 각자의 개성에 좀 더 집중하세요. 개성이야말로 여러분이 누구인지를 말해 주니까요.
명성은 그저 다른 사람들이 당신을 어떻게 생각하는지를 보여 줄 뿐입니다.

- 존 우든 -
농구 선수, 감독

또래 압력을 느껴 본 적 있나요? 어떤 상황이었나요? 이겨 내는 나만의 방법이 있다면 뭘까요? 네 컷 만화로 자유롭게 표현해 봅시다!

5장

저축과 투자

- 만족 지연 익히기
- 복리의 힘을 적극 활용하기
- 시간을 내 편으로 끌어들이기

만족 지연 익히기

만족 지연은 미래에 더 좋은 것, 보상이 더 큰 것을 얻기 위해 오늘의 재미나 즐거움을 미루는 일입니다. 만족 지연의 한 사례로, 시험 전날 밤에 게임을 하지 않고 공부를 선택하는 경우가 있습니다. 게임을 하면 당연히 재밌겠지만 공부를 하면 좋은 성적을 얻는 데 도움이 된다는 걸 잘 알기 때문이지요. 멀리 봤을 때 시험 공부의 보상이 훨씬 크고 만족스럽죠. 하지만 지금 당장의 만족을 누리고 싶은 유혹을 참는 건 무척 어렵습니다.

돈 관리에서 만족 지연은 지금 당장 사고 싶은 물건을 나중으로 미루는 행동입니다. 그러면 미래에 더 좋은 걸 가질 수 있어요. 저금은 기본적으로 만족을 나중으로 미루는 일이지요. 소비를 잠시 멈추는 것이니까요. 만족 지연은 무척 어려운 도전입니다. 갖고 싶은 물건을 사지 않는 건 쉽지 않거든요. 만족 지연을 위해서는 강력한 의지와, 앞을 생각하고 미래를 대비하는 능력인 선견지명이 필요합니다.

예산을 짤 때 그 계획에는 단기적인 목표와 장기적인 목표가 다 포함되어 있는 게 좋아요. 단기적인 목표는 몇 주나 몇 달,

길게는 1년 정도의 기간 안에 성취하고 싶은 것을 말해요. 장기적인 목표는 몇 년 동안 성취하고자 하는 것들이고요. 단기적인 목표의 한 가지 사례로는 학교 공부에 필요한 컴퓨터를 구입하기 위해 돈을 모으는 것을 들 수 있습니다. 만족 지연을 위해 그다지 필요 없는 최신 핸드폰의 유혹을 뿌리쳐야 할지도 모릅니다. 군것질거리를 사 먹는 돈을 제한해야 할 수도 있고요. 컴퓨터를 사는 데 필요한 돈에 보태기 위해서 말이에요.

대학교 졸업장을 따는 건 장기적인 목표의 좋은 사례입니다. 보통 대학을 졸업한 사람은 학위가 없는 사람에 비해 평생 동안 더 많은 돈을 버는 경향이 있습니다. 하지만 대학에 다니기 위해서는 돈이 꽤 많이 들지요. 특히 명문 사립 학교 입학을 결심했다면 더더욱 그렇습니다. 장학금과 학자금 대출 같은 제도도 있기는 하지만요. 지금 꿈꾸는 먼 훗날의 자신을 위해 당장의 만족을 뒤로 미루는 건 어린 나이의 여러분도 시작할 수 있는 일입니다. 당장 근사하고 재미난 것을 즐기기 위해 돈을 쓸 수도 있겠지만, 반대로 차곡차곡 모을 수도 있습니다. 그렇게 모은 돈이 미래에 여러분의 중요한 꿈을 이루는 데 큰 도움이 될 거예요.

> 샐리랑 놀고 싶지만, 일단 다음 주에 있을 수학 시험에 집중해야겠다.

✱ 올리베어가 고른 오늘의 경제 문장 ✱

장기적으로 더 큰 보상을 주는
만족 지연을 위해
단기간 스스로 자제하는 능력은
성공의 필수 불가결한 요소다.

- 브라이언 트레이시 -

경영 컨설턴트, 작가

복리의 힘을 적극 활용하기

여러분, '이자를 얼마나 받을 수 있는지 확인하는 공식'을 알고 있나요?

이자 = 돈의 양 (원금) × 금리 (이자율) × 기간 (시간)

이자는 돈을 사용하는 대가로 지불하는 비용을 말합니다. 은행에 돈을 예금하면 이자가 나옵니다. 왜냐하면 그 돈을 다른 사업에 사용하도록 **예금주**로서 허락해 줬기 때문이지요. 원금, 이자율, 시간이라는 세 가지 요소가 커지면 커질수록 예금주는 더 많은 이자를 받게 됩니다. 그러니까 더 많은 돈을 저축하거나, 이자율이 높거나, 투자한 기간이 길면 이자를 더 많이 받게 된다는 뜻이지요.

금리는 우리 마음대로 정할 수 없습니다. 우리의 통제권을 벗어나 다양한 시장의 힘에 따라 결정되니까요. 은행마다 약간씩 차이가 있지만 전반적으로 한 나라 안에서는 비슷합니다. 경제 상황에 따라, 또 시간이 지나면서 변하지요. 하지만 좋은 소식이 있어요. 바로 나머지 두 요소는 우리가 통제할 수 있다는 것입니다. 얼마를 저축하고 얼마를 투자할지 여러분이 정할 수 있어요. 저축과 투자를 언제 시작해서 얼마 동안 유지할지도 정할 수 있고요.

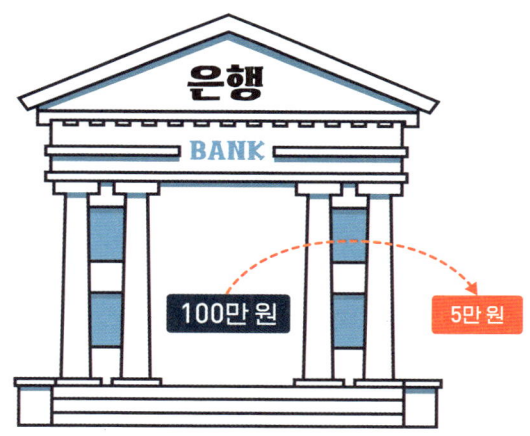

5퍼센트 이자율로 1년이 지나면,
100만 원의 이자로 5만 원을 받게 됩니다.

이자에는 두 가지 종류가 있어요. 바로 단리와 복리입니다. **단리**는 원금에만 붙는 이자를 말합니다. 예를 들어 100만 원을 은행에 예금했다고 합시다. 은행에서는 연 5퍼센트 이자를 주기로 했어요. 그럼 5만 원을 단리로 벌게 됩니다(100만 원×5퍼센트×1년).

복리도 살펴볼까요? 원금 100만 원과 이자로 받은 5만 원을 은행에 예금했다고 해 봅시다. 그러면 여기서 생긴 이자가 은행 계좌에 들어올 거예요. 그러니까 2년째 되는 해, 계좌에는 105만

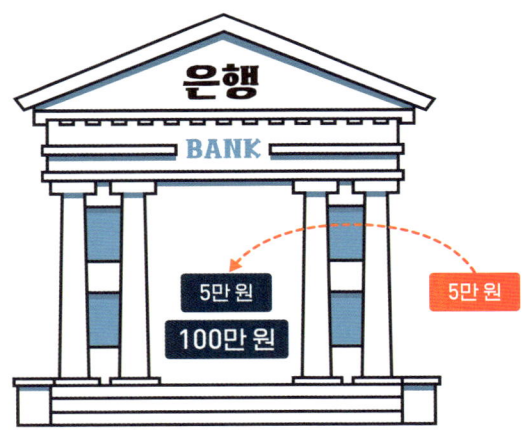

2년째 되는 해, 이자로 받은 5만 원이 여러분 계좌에 더해집니다.
여러분은 은행에 총 105만 원을 예금하게 됩니다.

원이 있겠지요. 이자로 받은 5만 원이 그대로 합산되었으니까요.

계좌에 이자로 받은 돈이 더해졌기에 그 돈에 대해서도 이자를 받게 될 거예요. 금리가 여전히 5퍼센트라고 가정할 때, 5만 원에서 2500원의 이자가 발생하고, 원금 100만 원에서 이번에도 5만 원이 생깁니다. 2년째 해가 끝날 때, 총 5만 2500원을 이자로 벌게 돼요.

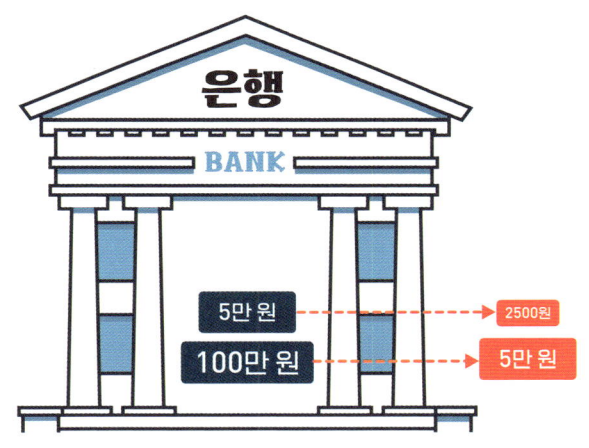

2년째 해가 끝날 때, 5만 원에는 2500원의 이자가 붙고,
100만 원에는 5만 원의 이자가 붙습니다.
그래서 총 이자는 5만 2500원이 됩니다.

이렇게 계속 은행에 돈을 예치한다고 해 보세요. 3년째가 시작될 때, 그전 해에 벌어들인 이자는 다시 원금에 합산될 거예요. 그렇게 총 예금은 110만 2500원이 됩니다(105만 원 + 5만 원 + 2500원).

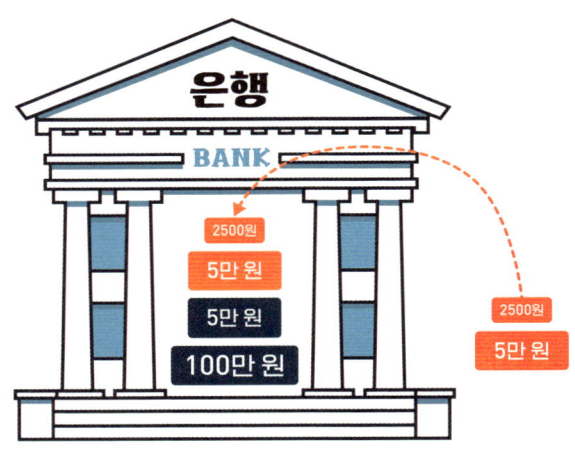

3년째 해가 시작될 때, 이자로 받은 5만 원과 2500원이 계좌에 더해집니다. 이제 여러분의 예금 계좌에는 총 110만 2500원이 들어 있습니다.

이제 3년이 지나면 은행에 예금한 돈 전부에 대해 다시 이자를 받게 될 거예요. 금리가 여전히 5퍼센트라면, 여러분은 총

5만 5125원을 벌어들이게 될 겁니다. 다음 그림에서 이 금액이 어떻게 나왔는지 살펴보세요.

첫해에 받은 이자(5만 원)와 2년이 지나 받은 이자(5만 2500원), 3년이 지나 받은 이자(5만 5125원)의 차이를 확인했나요? 돈은 해마다 더 많은 돈을 벌어들입니다. 바로 복리 때문이지요. 간단히 말해서 복리는 원금과 원금에 붙은 이자 모두에 적용되는 이

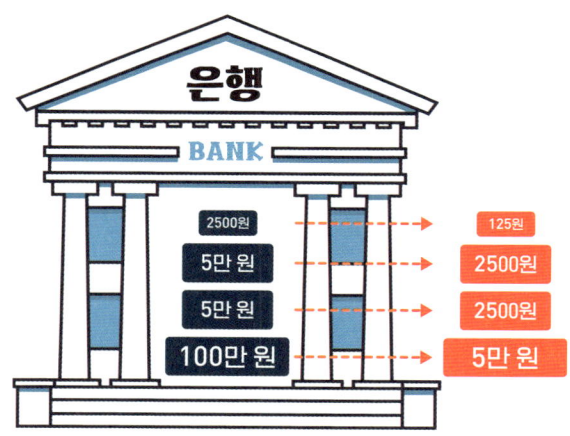

3년을 꽉 채우고 나면, 2500원은 125원의 이자가 붙고, 5만 원은 각각 2500원의 이자가 붙고, 100만 원에는 5만 원의 이자가 붙습니다. 이렇게 해서 받은 이자는 총 5만 5125원에 이릅니다.

자를 말합니다. 중복된다는 뜻의 한자 복復과 이자를 의미하는 리利가 합쳐진 단어로, 이자에 이자가 붙는다는 겁니다. 다시 말해 이자에 이자를 더해 더 많은 돈을 만들 수 있다는 뜻이지요! 복리는 눈덩이 효과를 불러일으킵니다. 왜냐하면 원금과 이자가 더해져 함께 늘어나기 때문이지요.

이 사례만 보면 받게 될 이자가 그렇게 크지 않아 보일지도 몰라요. 하지만 오랜 시간에 걸쳐 돈이 얼마나 불어나는지를 나타내는 아래 그래프를 보세요. 복리가 저축과 투자에 엄청나게 큰 영향을 미친다는 걸 깨달을 수 있을 거예요.

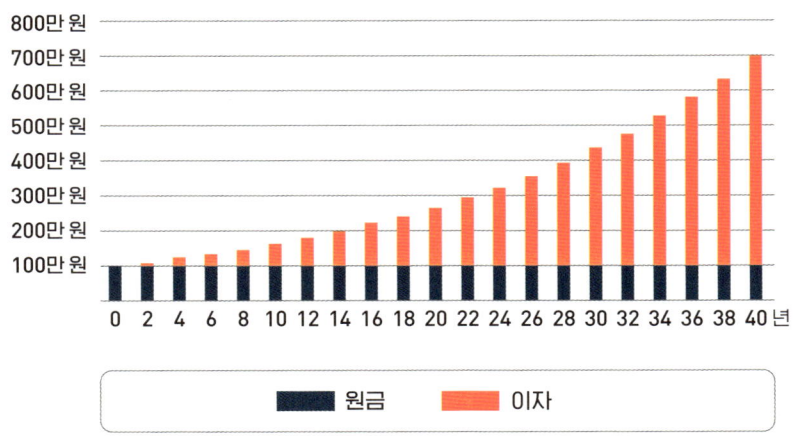

여러분이 예금주로서 복리를 활용하면 해마다 더 많은 돈을 벌 수 있습니다. 이자에 이자가 붙기 때문이죠. 해마다 5퍼센트의 금리로 돈을 번다고 가정하면, 여러분이 저축한 100만 원의 원금은 14년 정도 지나면 2배로 불어나 있을 겁니다. 40년 뒤에는 700만 원 이상으로 불어나 있을 거고요. 정말 놀랍지 않나요? 복리는 우리가 재정적인 목표에 도달할 수 있도록 도와주는 강력한 저축 수단입니다. 유명한 과학자 알베르트 아인슈타인조차도 복리의 매력에 푹 빠졌었어요. 아인슈타인은 복리를 '세계 8대 불가사의'라고 불렀답니다.

시간을 내 편으로 끌어들이기

여러분 같은 어린이나 청소년은 복리의 힘을 누리기에 대단히 유리한 위치에 있습니다. 어른보다 돈을 불릴 시간이 훨씬 많으니까요. 일찍 저축과 투자를 시작하면 할수록, 앞으로 거둬들일 보상은 그만큼 커집니다. 일찍 시작하면 돈이 불어날 시간을 더 많이 주는 거니까요.

어릴 때 저축을 시작할수록 얼마나 유리한지 이해를 돕기 위해 베니와 조지의 이야기로 설명해 볼게요.

베니는 2020년에 저축을 시작했어요. 반면 조지는 돈을 즐겁게 썼지요. 베니는 한 달에 5만 원씩, 5퍼센트 복리로 은행에 저축했어요. 그로부터 20년 뒤, 조지는 마침내 미래를 위해 저축하는 게 중요하다는 사실을 깨닫고 한 달에 5만 원씩 같은 은행에 5퍼센트 복리로 예금을 시작했습니다. 둘 다 그 뒤로 20년 동안 매달 5만 원씩 꾸준히 저축했고요. 이 두 사람의 투자가 40년 뒤에 어떻게 되었는지 봅시다.

* 천의 자리에서 반올림했을 경우

　　보시다시피 베니는 조지보다 원금만 해도 두 배나 많은 돈을 모을 수 있었습니다(2400만 원 대 1200만 원). 그런데 더 놀라운 건 베니의 투자가 조지의 투자보다 훨씬 더 많은 이자를 받았다는 거예요(5241만 원 대 891만 원). 시간과 복리의 힘을 활용했기 때문이지요. 이제 베니는 훨씬 풍족한 재정 상태에 이르렀어요. 이 모든 게 일찍 저축과 투자를 시작했기 때문입니다. 시간과 복리의 힘을 결합할 때, 훨씬 더 안정적인 미래가 기다리고 있을 거예요!

대부분이 저축의 중요성을 알고 있습니다. 하지만 어떤 사람들은 저축을 적극적으로 하려 하지 않아요. 시간이 지남에 따라 수입이 늘어나지만, 라이프 스타일을 바꾸고 소비량이 늘어나니 저축할 여유가 없는 거예요. 불행하게도 저축하려는 의지가 없으면 경제적으로 안전하게 지낼 수 없습니다. 저축은 무척 중요해요. 미래에 갖고 있을 돈을 어느 정도 예측할 수 있으니까요. 미래에, 특히 비상시에 쓸 돈을 남겨 두면 마음을 푹 놓을 수 있는 든든한 밑거름이 될 거예요. 언제든 예상치 못한 지출을 해야 할 비상 상황이 벌어질 수 있거든요.

2020년 초에 코로나바이러스가 전 세계로 퍼지자, 많은 사람이 팬데믹으로 큰 타격을 받았습니다. 수백만 명이 직장을 잃었어요. 여러 사업이 힘들어지며 경제가 갑자기 악화되었거든요. 모아 놓은 돈이 별로 없는 상태에서 직장을 잃은 사람들은 가족들과 함께 살아갈 방법이 막막해졌지요. 세계 곳곳에서 많은 이가 식료품점 앞에 길게 줄을 서야 했고, 팬데믹 이전까지만 해도 비싼 자동차와 옷을 살 여유가 있던 사람들까지 실업자가 되었어요. 저축해 둔 돈이 없어서 생활필수품조차 살 수 없는 상황은 가슴이 찢어지는 일이에요.

여러분은 아직 젊어요. 지금부터 저축과 투자에 좋은 습관을 들여야 해요. 벌거나 받은 돈의 3분의 1 이상을 저축해서 그 돈이 여러분을 위해 일하도록 분별력 있게 행동하세요. 지금부터 어른이 될 때까지 꾸준히 습관을 들이면 저축은 그렇게 어렵지 않을 겁니다. 현명한 선택을 하도록 이미 적절한 습관이 배어 있을 테니까요.

 허니 선생님과 가장 비슷한 경제 관념을 가진 학생은 누구일까요?

① 앤드루   일단 오늘 행복한 게 중요한데 왜 굳이 돈을 아껴?
② 올리비아 맞아. 원하는 게 있다면 어떻게든 사야지! 친구나 부모님에게 빌려서라도 말이야!
③ 베니   난 돈을 쓰는 것 자체가 너무 아까워. 나중을 위해 무조건 최소한으로만 쓰고 모두 저축하는 게 현명해 보여.
④ 샐리   그래도 미래를 위해 스스로 절제하는 연습을 할 필요가 있다고 생각해. 난 적당히 쓰고 적당히 저축 중이야!
⑤ 톰   그래도 먹는 데 쓰는 돈은 아낄 수 없어. 지금 행복을 추구하는 게 중요하니까 소비를 멈추지는 않을래.

 이자율이 3퍼센트인 돈모아은행에 200만 원을 복리로 예금했다고 가정했을 때, 5년 뒤 찾을 수 있는 돈은 얼마일까요?

  이자 = 돈의 양(원금) × 금리(이자율) × 기간(시간)

① 232만 원   ② 233만 원   ③ 235만 원
④ 236만 원   ⑤ 248만 원

정답 ④, ①

6장

돈, 재산, 명성을 지키는 법

- 모은 돈을 신발 상자에 보관하지 말자
- 개인용품 잘 보관하고 오래 쓰기
- 개인 정보 지키기
- 온라인 활동에는 결과가 따른다

모은 돈을 신발 상자에 보관하지 말자

어른 아이 할 것 없이 돈을 신발 상자, 침대 밑, 서랍장 안 같은 집 안의 비밀 공간에 넣어 두곤 합니다. 어떤 사람들은 자기 돈을 직접 눈으로 봐야 마음이 놓여요. 필요할 때 언제든 꺼내 쓸 수 있도록 보관하는 사람도 있고요.

집에 현금이 있는 것도 중요해요. 그래야 일상생활에 필요한 물건을 사거나 비상사태 때 사용할 수 있으니까요. 그렇다 해도 돈을 모조리 집에 보관하는 건 그다지 현명한 생각이 아니에요. 자칫하면 잃어버리거나 누군가 훔쳐 갈 수도 있고, 놓아둔 곳이 어딘지 까먹을 수도 있으니까요. 주택이나 아파트는 불이 나면 전부 타 버리기도 해요. 만에 하나 집에 그런 일이 생긴다면 여러분이 신발 상자에 보관해 둔 돈이 몽땅 사라지겠지요. 마찬가지로 산사태, 태풍, 홍수 같은 자연재해가 일어나 집의 물건들이 몽땅 파손될 수도 있습니다. 또 도둑이 훔쳐 갈 수 있어요. 집에 현금이 있다는 사실을 알게 된 누군가가 돈이 궁해 슬쩍 손을 댈 수도 있고요.

집 안에 돈을 보관하면 잃어버리기 쉬울 뿐만 아니라, 시간

경과에 따라 돈의 가치를 잃게 됩니다. 인플레이션이라는 것에 대해 알고 있나요? **인플레이션**은 재화와 서비스 가격이 오르는 걸 말해요. 일반적으로 가격은 해마다 높아집니다. 그러니 집에 보관 중인 돈으로는 몇 년 뒤에 똑같은 물건을 지금보다 적게 살 수밖에 없다는 뜻입니다. 가격이 오를 테니까요.

지금 1만 원으로 영화표 한 장을 살 수 있다고 해 봅시다. 만약 1만 원을 신발 상자에 보관한 뒤 5년 뒤에 꺼낸다면, 그때는 영화표 한 장조차 살 수 없을 거예요. 5년 뒤 영화표 가격은 지금보다 높아져 있을 테니까요.

만약 돈을 지키고 무럭무럭 자라게 하고 싶다면 은행에 예금하는 게 아주 좋은 방법이에요. 은행은 돈을 비롯해 귀중품을 방화 보관실 안에 관리합니다. 그러면 대부분의 자연재해에도 끄떡없지요. 은행에 강도가 든다 해도, 그러니까 영화에서 보는 것처럼 은행이 습격당한다 해도 예금해 둔 돈은 정부가 일정 금액만큼 지급을 보장해 줍니다(미국에서는 2억 5000만 원, 한국에서는 은행당 5000만 원까지). 무엇보다 은행에 돈을 예금해 두면 이자가 나옵니다. 돈이 불어나면 인플레이션 효과를 줄일 수 있지요. 은행 이자율이 좀 낮더라도, 그나마 조금이라도 불어나는 게 신발 상자에 보관한 상태로 전혀 변함없는 것보다야 낫지 않을까요?

개인용품 잘 보관하고 오래 쓰기

대부분의 물건은 낡거나 고장 나면 바꿔야 해요. 옷, 신발, 운동 장비, 전자 기기, 자동차 모두 그렇지요. 하지만 조심스럽게 잘 사용하면 더 오래 쓸 수 있습니다. 물건을 소중히 아껴 가며 오래 사용할수록 대체품을 덜 사고, 수리점에도 덜 가게 될 거예요. 그래서 물건을 오래 쓸수록 돈을 더 많이 저축할 수 있지요. 선물로 받은 물건이라 돈이 한 푼도 들지 않았다 해도 고장 내지 않고 잘 관리하는 건 혜택으로 돌아옵니다. 돈 쓸 일이 줄어들 테니까요.

물건의 수명을 늘리는 간단한 방법은 수없이 많습니다. 하지만 우리는 이런 것들을 간과하거나 무시하곤 하지요. 너무 간단해 보이기 때문에 그래요. 예를 들어 옷을 뒤집어 찬물에 빨면 크기가 줄거나 색이 바래는 걸 막을 수 있습니다. 신발은 청결하고 뽀송뽀송하게 관리하면 냄새도 덜 나고 더 오래 신을 수 있어요. 여러분이 사용하는 데스크톱과 노트북의 경우, 정기적으로 먼지를 털어내서 구석구석 막히지 않게 하면 과열의 위험을 줄일 수 있고요. 사용하지 않을 때는 깨끗하고 정돈된 곳에 보관하는 것 또한 좋은 상태로 유지하는 간단한 방법입니다. 물건의 수

명을 늘리는 다른 방법들이 궁금한가요? 인터넷에서 더 많은 정보를 쉽게 찾을 수 있을 거예요.

물건을 잘 관리하면 잃어버리거나 도둑맞는 일도 줄어듭니다. 가끔은 물건을 잃어버리는 불행한 일이 발생하기도 해요. 깜빡하고 공공장소에 놓고 올 수도 있고, 새로 산 핸드폰이나 신발을 남이 훔쳐 가는 일도 생기지요. 잃어버린 물건이 꼭 필요한 것이라면 새로 사는 수밖에 없겠죠. 그러면 계획에 없던 소비로 예산이 빠듯해지게 돼요. 이런 일을 미연에 방지하기 위해 늘 자신의 물건을 안전하게 보관하는 게 좋아요. 여러분의 소중한 물건을 잠재적 도둑들에게 절대로 넘겨 주지 마세요!

개인 정보 지키기

개인 정보는 사람의 신원을 확인하고 소재를 파악하는 데 사용합니다. 이름, 주소, 주민 등록 번호, 생년월일, 운전면허 번호, 은행 계좌 번호, 신용 카드 번호 등을 말하지요. 우리가 학교, 도서관, 사업체에 새로 등록하려면 개인 정보가 필요합니다. 취업 서류를 내거나 신용 카드를 만들고 자동차를 사기 위해 대출을 신청하려 할 때, 신청자는 개인 정보와 확인 서류를 제출해서 자신의 신원을 증명해야 해요.

개인 정보를 보호하는 기술이 계속 발전하고 있기는 하지만, 개인 정보를 훔치려는 사이버 범죄자들도 점점 똑똑해지고 있어요. 이들은 훔치는 방법을 찾아내 가짜 계좌를 만듭니다. 신용 카드 정보를 훔쳐서 물건을 사거나 현금 서비스를 받기도 하지요.

그들이 가짜 계정이나 훔친 신용 카드를 사용하면, 죄 없는 피해자는 쓰지도 않은 돈 때문에 신용 카드 회사의 지불 요구에 시달리게 됩니다. 그래도 피해자가 자신의 도난된 신분증이나 신용 카드가 부적절하게 사용되었다는 사실을 알리면 대부분의 경우에는 피해 금액을 면제받을 수 있습니다. 하지만 신분증 및 신용 카드 도용으로 벌어지는 소동은 크나큰 스트레스이며 우리의 소중한 시간을 엄청나게 잡아먹습니다.

신원 도용의 피해자가 되지 않기 위해서는 모르는 사람이나 신뢰할 수 없는 사람에게 개인 정보를 절대로 알려 주면 안 됩니다. 인터넷이 발달하며 온라인에서 거짓 신분으로 범죄를 저지르는 일이 매우 잦아졌습니다. 대표적인 기법으로는 '피싱'이 있고요. 이메일, 팝업 광고, 문자 메시지, 전화, 편지는 물론이고 현관문 앞에 불쑥 찾아온 사람이 개인 정보를 요구하는 말에 함부로 응답하면 안 돼요. 모두 여러분을 속이려는 사기꾼들입니다. 모르는 사람이 보낸 이메일에 첨부된 파일을 다운로드할 때도 당연히 신중해야 합니다. 또 핸드폰에 불필요한 애플리케이션을 깔지 마세요. 새로운 온라인 계정을 개설할 때도 정말 주의해야 합니다. 특히 그 애플리케이션이나 웹 사이트를 신뢰해도 될지 의문스러울 때는 더욱 그렇고요.

사이버 범죄자들은 여러분의 온라인 계정을 해킹해서 개인 정보를 빼 갈 수 있어요. 이메일, 인터넷 계정, 온라인 쇼핑몰, 게임 사이트, 온라인 은행 계좌 등 대부분의 온라인 계정은 사용자의 개인 정보를 많이 담고 있어요. 해커가 개인 정보를 탈취하는 쉬운 방법 중 하나는 바로 패스워드를 추측하는 겁니다. 패스워드가 단순할수록 추측해서 계정에 접근하기가 쉽거든요. 반대로 복잡한 패스워드는 그만큼 해킹하기가 어렵겠지요.

사이버 범죄자들에게서 여러분의 개인 정보를 철저히 지키려면 패스워드를 길고 복잡하게 만들어야 합니다. 단, 나만의 것이어야 해요. 그래야 여러분이 기억하기 쉬울 테니까요. 패스워드에는 대문자와 소문자, 숫자, 특수 문자 등이 포함되어야 합니다(예를 들어, !Lov3myC&T). 또 같은 비밀번호를 각기 다른 계정이나 기기에서 사용해서는 안 됩니다. 왜냐하면 단 한 번의 해킹으로도 해커는 여러분의 수많은 온라인 계정과 기기에 접근할 수 있을 테니까요.

어떤 범죄자도 풀 수 없는 나만의 강력한 패스워드를 만들어 주지!

* 빨리가 고른 오늘의 경제 문장 *

당신이 경찰을 위해 매트 밑에 열쇠를 넣어 둔다면, 강도도 그 열쇠를 찾아낼 수 있습니다. 범죄자들은 갖가지 기술과 수단을 이용해 남의 계정을 해킹합니다. 만약 어디에 열쇠를 숨겨 놓았는지 알면, 반드시 찾아낼 거예요.

- 팀 쿡 -

기업인, 자선 사업가

온라인 활동에는 결과가 따른다

소셜 미디어는 정말 최고야. 누가 착한 아이인지 나쁜 아이인지 훨씬 알기 쉬워졌다니까.

오늘날 온라인 커뮤니케이션은 삶을 이루는 방식으로 자리 잡았습니다. 이 세상의 많은 사람이 컴퓨터, 노트북, 핸드폰으로 페이스북, 인스타그램, 카카오톡 등 SNS 서비스 플랫폼에서 검색하고 소통하며 오랜 시간을 보내지요. 인터넷 덕분에 사람들이 자신의 생각과 의견, 유머, 획기적인 사건, 사진과 영상, 메시지 같은 것들을 공유하기가 간단하고 편리해졌습니다.

온라인 커뮤니케이션은 다른 사람들과의 연결을 도와줘요. 하지만 접속하는 사람들은 누구나 그에 따르는 엄청난 책임을 제대로 알고 있어야 합니다. 누군가의 명예를 훼손하거나 상처가 되는 글, 사진, 영상을 업로드하면 문제가 될 수 있어요. 자칫 학교나 직장 생활, 안전, 심지어 재정 상태에까지 부정적인 영향을 미칠 수 있습니다. 바람직하지 않은 행동, 다른 사람을 공격하거나 모욕한 무엇인가를 올린 게시물 때문에 훗날 좋은 학교에 입학하거나 꿈꾸던 일을 할 기회가 물거품이 될 수도 있어요. 불건전한 사진이나 거짓 정보 때문에 학교, 지역 사회에서 문제가 생길 수도 있습니다. 심한 경우에는 학교에서 쫓겨나거나 감옥에 갈 수도 있고요.

온라인 활동은 끈질기게 쫓아다니며 나쁜 결과를 가져올 수 있다는 사실을 명심해야 합니다. 실수라는 걸 깨닫고 잘못된 게시물을 재빨리 지운다 해도 누군가 그 화면을 저장해 두었을지도 모릅니다. 나중에 그 내용이 인터넷에 공유될 수도 있어요. 온라인이나 문자 메시지로 보낸 개인적인 내용이라 할지라도 결국 다시 공유되면 걷잡을 수 없이 퍼져 나갑니다. 안타깝게도 인터넷에 올린 글이나 사진으로부터 평생 벗어나지 못할지도 몰라요. 그러므로 온라인상에 무언가를 올리기 전에는 늘 먼저 생각하고 제대로 판단해야 해요.

 박스 안의 단어를 이용해 다음 문장을 자연스럽게 완성해 봅시다!

> 개인 정보   피싱   패스워드   인플레이션   온라인 활동

▶ "우리 아빠가 어제 _____ 메일을 받았는데, 깜빡 속을 뻔할 정도로 교묘하대!"

▶ "_____ 는 철저히 관리해야 해. 자칫 잘못하면 어떻게 악용될지 몰라."

▶ "돈을 집에 보관해 봤자 _____ 때문에 어차피 나중에는 화폐 가치가 떨어져 손해인걸."

▶ "아, 왜 자꾸 오류가 나나 했더니 _____ 설정에서 특수 문자를 넣지 않았구나."

▶ "_____ 을 할 때는 말 한마디에도 책임감을 가져야 해. 나라는 게 드러나더라도 떳떳할 수 있는지 생각하며 말할 필요가 있어."

정답 : 피싱, 개인 정보, 인플레이션, 패스워드, 온라인 활동

어디선가 우리를 위협하는 사이버 범죄! 쉽게 해킹할 수 없는 나만의 안전한 패스워드를 만들어 봅시다. (영어 대문자와 소문자, 숫자, 특수 문자를 조합하는 것이 좋아요.)

PASSWORDS:

☆주의☆ 이 패스워드를 실제로 사용할 계획이라면 남에게 드러나지 않도록 깨끗이 지우거나 덮어 버려야 해요!

신용 카드

- 책임감 있게 써야 유용한 신용 카드
- 대금 결제일을 꼭 지키자

책임감 있게 써야 유용한 신용 카드

신용 카드에 대해 잘 알고 있나요? **신용**이란 차용자가 쓴 돈을 나중에 갚을 것이라는 약속이자 그런 약속을 할 수 있는 능력입니다. 물건을 사려고 신용 카드를 쓱 긁으면 **차용자**가 되는 겁니다. 여기서 차용자란 일정 기간 다른 사람의 돈을 사용하는 개인이나 조직을 말해요. 신용 카드 회사가 가게에 물건 값을 지불하면 차용자는 빌린 돈을 모두 갚아야 해요. 그러니까 신용 카드로 산 물건은 공짜가 아니라는 뜻이에요!

어차피 모두 갚아야 할 거라면 왜 신용 카드를 쓰는지 궁금할지도 모르겠네요. 그냥 현금으로 계산하고 과소비의 위험을 피하면 되지 않을까요? 신용 카드를 자칫 잘못 사용하면 과소비에 빠질 수 있다는 건 분명한 사실이니까요. 하지만 그만큼 장점도 많습니다. 물론 책임감 있게 사용할 경우에 그렇다는 것이지요. 신용 카드를 쓸 경우에 좋은 점은 다음과 같습니다.

- 신용 카드로 편리하게 돈을 지불할 수 있다. 특히 지갑에 현금이 충분하지 않을 때 그렇다. 또 신용 카드는 재정적인 위기 상황이나 계획에 없던 비용을 지출할 때 무척 요긴하다.

- 어디서 얼마를 썼는지 쉽게 확인할 수 있다. 신용 카드 회사는 매달 이용 명세서를 보내 준다. 거기에는 결제 내역이 상세하게 나와 있다. 많은 신용 카드 회사들이 분기별, 연도별 사용 내역을 요약정리해 준다. 이 자료는 계획과 예산을 짤 때 큰 도움이 될 수 있다.

- 책임감 있게 빚을 제때 갚을수록 높아지는 좋은 신용 기록과, 신용 평가 보고서를 통해 받게 되는 높은 신용 점수를 쌓아 가는 데 도움이 된다. 이 기록은 나중에 학자금 대출, 자동차 대출, 주택 담보 대출처럼 목돈을 빌릴 때 무척 유용하다. 물론 좋은 신용도는 신용 카드를 제대로 관리할 때만 가능한 법이다.

- 신용 카드를 잘 사용하면 캐시백을 받을 수 있다. **캐시백**이란 신용 카드로 물건을 사고 난 뒤 돌아오는 돈을 말한다. 신용이 좋다면 여러 신용 카드 회사에서 자기네 카드를 쓰게 하려고 서로 경쟁하며 캐시백 같은 리워드를 제안할 거다. 가끔은 3퍼센트나 되는 캐시백을 제안하기도 한다. 신용 카드로 10만 원을 쓰면 3000원을 돌려준다는 뜻이다. 캐시백을 받게 된다면 현금보다 신용 카드를 사용하는 게 훨씬 이득이다.

"청구서 말고도 스트레스 받을 게 많은데……. 카드 요금은 꼭 제때 갚아야겠다."

✶ 앤드루가 고른 오늘의 경제 문장 ✶

당신의 가장 큰 적은 청구서입니다. 빚을 많이 지면 질수록 스트레스를 더 많이 받게 되고, 청구서 때문에 스트레스를 받으면 받을수록 목표에 집중하기가 더 어려워집니다.

- 마크 큐반 -
기업가, 투자자

대금 결제일을 꼭 지키자

신용 카드를 사용하면 신용 카드 회사는 매달 청구서를 보냅니다. 거기에는 지난달에 결제한 금액과 사용한 장소, 갚아야 할 총금액, 지불해야 하는 최소 금액, 결제일이 모두 나와 있습니다. 청구 금액을 모두 낼지, 일부만 갚을지, 신용 카드 회사에서 설정한 최소 금액만 지불할지는 모두 차용자가 선택할 수 있어요. 정해진 날짜까지 모두 갚으면 이자를 한 푼도 낼 필요가 없어요. **이자**는 은행이나 신용 기관에서 자신들의 돈을 사용한 사람에게 청구하는 돈을 말합니다. 만약 일부분이나 최소 금액만 갚는다면 신용 카드 회사는 남은 금액에 대한 이자를 청구할 거예요.

신용 카드는 곧장 갚을 수 있을 만큼만 사용하는 것이 가장 훌륭한 가이드라인입니다. 신용 카드 회사는 갚지 못한 돈에 무척 높은 이자를 매기기 때문에 눈 깜짝할 사이에 눈덩이처럼 불어나 큰 부담이 될 수 있어요. 긴급한 상황이 아니라면 여력이 생길 때까지 기다렸다가 사용해야 해요.

총액을 갚을 수 없는 경우라 할지라도 신용 카드 회사에서 정해 놓은 최소 금액만큼은 반드시 갚아야 합니다. 차용자는 정기적으로 매달 돈을 갚아야 할 의무가 있으니까요. 신용 카드 사용액을 제때 갚지 못하면 생각지 못한 결과가 발생할 수 있어요.

청구 결제 날짜를 놓쳤을 경우, 신용 카드 회사는 이자에 연체료까지 내라고 할 거예요. 차용자에게 이메일이나 편지를 보내 빨리 갚아야 한다고 알려 줍니다. 차용자에게 직접 연락해서 지불이 안 되었다는 걸 상기시켜 주기도 해요. 만약 계속해서 연락을 무시하고 돈을 내지 않으면 신용 카드 회사는 돈을 돌려받기 위해 훨씬 더 극단적인 조치를 취합니다. 차용자가 돈을 갚지 않는다는 사실을 금융 당국에 알리고, 빚 수금 대행 기관에 차용자의 계좌 정보를 전달하겠지요.

사용액을 갚지 못하면 우리에게 돌아오는 손해가 클 뿐만 아니라 직업과 명성에도 악영향이 갑니다. 은행이나 카드 회사에서 빌린 돈을 정해진 기한 안에 갚지 못하면 여러분의 **신용도**가 점점 낮아지는데, 신용도가 낮을수록 각종 금융 거래에 어려움이 생깁니다. 꼭 필요한 일에 신용 카드를 쓰거나 은행의 돈을 빌리려 해도 신용도가 높은 사람보다 더 많은 돈을 이자로 내야 하고, 아예 대출을 받지 못하는 등의 문제를 겪게 되지요.

신용 카드가 돈을 관리하고 신용 기록을 쌓는 데 도움이 된다는 걸 이제 알았지요? 신용 카드를 갖는다는 건 신나는 일이지만 과소비의 결과를 제대로 알고 제때 갚아야 한다는 사실까지 잘 이해하고 있어야 합니다. 신용을 잘못 관리하면 그 대가가 엄청나게 크고, 신용도에도 막대한 손상을 입으므로 언제나 책임감 있게 행동해야 해요.

QUIZ 1

몇 번 대금을 지불하지 못해도 일단 신용 카드를 쓰면 신용도가 높아진다.

QUIZ 2

과소비 습관이 있다면 신용 카드보다 체크 카드나 현금을 사용하는 것이 낫다.

QUIZ 3

신용 점수가 높으면 나중에 큰돈을 대출할 때 유리하다.

QUIZ 4

신용 카드의 이자율은 별로 높지 않은 편이다.

정답 X, O, O, X

본문에서 공부한 내용 중, 신용 카드를 사용하면 생기는 장점이 <u>아닌</u> 것을 골라 보세요.

① 이용 명세서를 통해 어디서 얼마를 사용했는지 쉽게 확인할 수 있다.
② 물건을 산 뒤 시간이 지나면 지불해야 할 대금이 줄어든다.
③ 현금 없이도 편리하게 돈을 지불할 수 있다.
④ 제대로 관리하면 좋은 신용 점수를 쌓을 수 있다.
⑤ 신용도가 좋다면 캐시백 같은 리워드를 받을 수 있다.

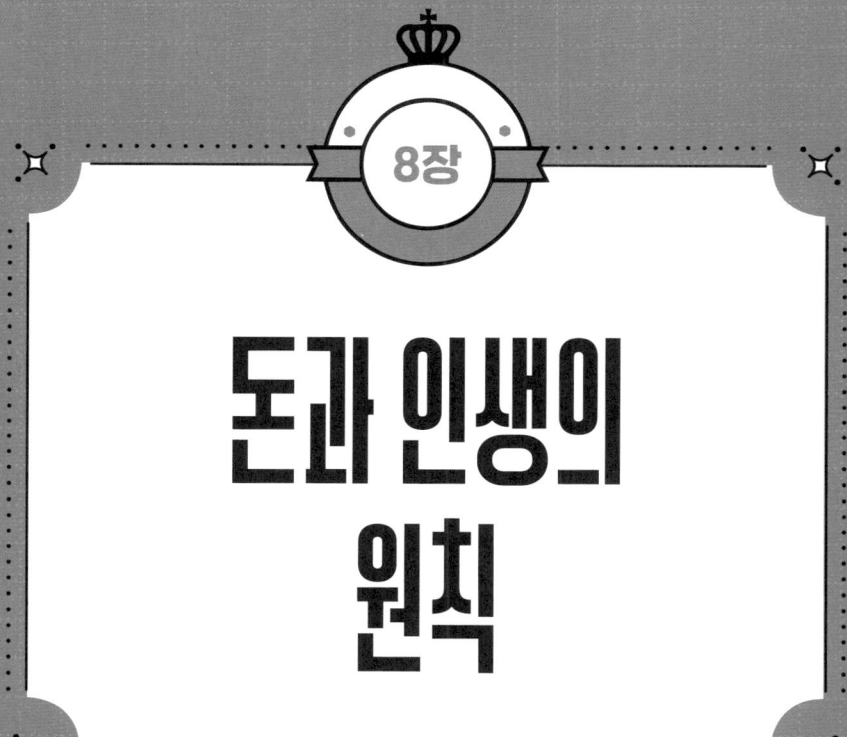

8장
돈과 인생의 원칙

- 가진 것에 감사하기
- 우리를 부자로 만드는 건 돈이 전부가 아니야
- 나누며 살자

가진 것에 감사하기

세상에는 갖고 싶은 게 넘쳐 나지만 그렇다고 해서 원하는 걸 전부 가질 수는 없습니다. 게임기나 유행하는 옷처럼 화려하고 매력적인 물건을 눈앞에서 포기해야 했을 때, 여러분 모두가 억울하고 속상한 마음을 느껴 본 적이 있을 겁니다. 결국 사 달라고 떼를 쓰거나 어쩔 수 없이 기분을 억누른 채 그 상황을 잊어버리려 했겠지요. 하지만 억지로 생각을 전환하지 않고도 다시 기분 좋아지는 방법이 있습니다. 바로 지금 가진 것에 감사하는 마음을 떠올리는 겁니다. 이미 가진 건 익숙하기에 별로 소중하게 느껴지지 않곤 하지요. 그럴 때는 거기에 깃든 감사한 마음과 소중한 가치를 곰곰이 생각해 보세요. 아마 여러 가지가 떠오를 겁니다.

감사해야 할 이유는 무척 많아요. 식탁에 올라온 따뜻한 음식, 입는 옷과 사용하는 모든 물건에 감사하지요. 안전하고 따뜻하게 우리를 보호해 주는 집과 인터넷 서핑을 하고 텔레비전 시청과 게임을 할 수 있음에도 감사해야 합니다. 하지만 개인적이고 물질적인 것 외에도, 여러분의 삶을 밝게 만들어 주는 사람들에게도 감사해야 해요. 여러분을 돌봐 주는 부모님과 식구들, 똑똑하고 건강하게 자랄 수 있도록 도와주는 선생님들은 감사한 존재입니다. 삶에 크고 작은 긍정적 영향을 미치는 친구, 멘토, 이웃들에게도 감사한 마음을 가져야 해요.

주변 사람들에게 고마움을 표시하는 건 당연하면서도 소중한 일입니다. 고맙다고 말할 때는 그 사람이 내게 어떤 존재인지를 보여 주며 고마운 마음을 표현해야 해요. 그 사람의 행동 혹은 멋진 개성을 인정하고, 여러분에게 얼마나 중요한 사람인지 알려 주세요. 이건 아주 단순하지만 애정과 존경을 보여 주는 효과적인 방법입니다. 기억하세요, 누구나 자신을 좋아하고 인정하면 기분이 좋아진답니다.

감사를 표현하면 그 사람이 여러분을 긍정적으로 볼 뿐만 아니라, 스스로 돈과 재정을 훨씬 잘 관리하게 됩니다. 왜냐고요? 감사하기로 마음먹으면 갖고 있는 물건이 더 좋아 보이거든요. 그러면 행복해지고 만족감도 높아지죠. 가진 것에 감사하면 물건을 사라고 마구 유혹하는 광고를 무시하게 되고, 그 달콤한 속삭임에 빠져들지 않게 됩니다. 또 다른 사람들이 더 좋은 물건을 가지고 있는 걸 봐도 부럽거나 화날 일이 없어요. 감사하는 마음으로 살아가면 소소하면서도 나만이 누릴 수 있는 특별한 행복을 깨달을 수 있습니다. 설령 가진 게 별거 아니고 멋지지 않더라도요.

> 우리 집 고양이 모모한테도 감사해야지. 귀여움으로 힐링을 주거든!

✱ 톰이 고른 오늘의 경제 문장 ✱

가진 것에 감사하면 결국
더 많은 걸 얻게 될 겁니다.
만약 가지지 못한 것만 생각한다면
결코, 절대로 충분히 갖지 못할 거예요.

- 오프라 윈프리 -

방송인, 자선 사업가

우리를 부자로 만드는 건 돈이 전부가 아니야

신발: 15만 원

휴대전화: 79만 9000원

사랑하는 사람들과 보내는 즐거운 시간: 돈으로 살 수 없음

부자라고 하면 흔히들 돈이 많고, 비싼 차를 타고, 근사한 장난감을 갖고 놀며, 넓은 집에 사는 사람을 떠올립니다. 돈이 있으면 많은 물건을 살 수 있어요. 하지만 모든 것에 가격표가 붙어 있는 건 아닙니다. 이 세상에는 그리 비싸지 않거나 아예 돈 없이도 여러 면으로 우리를 풍족하고 행복하게 해 주는 멋진 것들이 아주 많답니다.

친구들과 재미나게 놀 때를 생각해 보세요. 함께 웃고, 울고, 성장할 수 있는 친구가 있다면 여러분은 부자입니다. 진정한 친구가 있으니까요. 자동차로 학교까지 태워 줄 운전기사, 멋진 몸매를 만들어 줄 헬스 트레이너, 아플 때 보살펴 줄 돌보미를 고용할 수 있다 하더라도 진정한 친구는 돈으로 살 수 없습니다.

가족과 함께 보내는 근사한 시간을 떠올려 보세요. 식탁에 둘러앉아 맛있는 음식을 먹으며 웃고 떠들고, 공원을 함께 산책하거나 영화를 관람하거나 기념일을 즐길 때를요. 진심으로 걱정하고 응원해 주는 가족이 있다면 여러분은 부자입니다. 즐거움과 슬픔을 함께 나눌 수 있는 존재가 있으니까요. 좋을 때나 슬

플 때나 가족에게 든든한 지지를 받을 수 있을 겁니다.

게임을 즐기고, 스포츠 경기와 이벤트에 참여하고, 여행을 다니고, 프로젝트를 꾸리고, 책을 읽고, 영화를 보고, 선생님과 부모님과 친구에게 듣고 배운 수많은 이야기와 시간을 생각해 보세요. 이런 경험이 있기에 여러분은 늘 간직할 지혜와 아름다운 추억을 품은 부자입니다.

아무런 보상도 바라지 않고 누군가를 도와준 경험을 떠올려 보세요. 올바른 일이라는 걸 알았기에 규칙을 따르기로 결심했던 일이라든지요. 스스로 바람직한 행동을 할 때, 여러분은 부자입니다. 내면에 누구보다 멋진 개성이 있으니까요. 그건 돈으로 살 수 없어요. 친절하게 행동하고, 남에게 도움이 되고, 존경받을 때만 얻을 수 있는 것이지요.

나누며 살자

　가진 것을 나누는 건 매우 따뜻하고 품위 있는 행동입니다. 하지만 그러고 싶어 하는 이는 많지 않아 보이지요. 아마 돈을 벌거나 모으는 게 얼마나 힘든지 잘 알기 때문일 겁니다. 소중한 돈을 포기해 가며 다른 사람을 위한 일을 하는 게 비합리적이라 생각하는 거지요. 하지만 나눔은 큰 의미가 있는 바람직한 선행입니다. 아량 있게 베푸는 행동은 우리 공동체에 긍정적인 영향을 미치거든요. 넉넉하게 가진 것을 공동체와 기꺼이 나누면 삶에서 더 높은 목표와 더 커다란 행복을 찾을 수 있어요.

우리가 살아가는 공동체에는 운이 좋은 사람도, 그렇지 않은 사람도 있습니다. 부모나 사랑하는 사람을 잃고 재정적으로 어려움을 겪는 가족도 있어요. 직장을 잃은 사람도 있습니다. 어떤 사람은 건강 문제로 일을 하지 못하거나 스스로를 돌보지 못하기도 해요.

이들의 문제를 전부 해결해 줄 수는 없을지라도, 어려움을 헤쳐 나가고 누군가의 보살핌 안에 있다는 느낌을 받게 서로 도와줄 수는 있습니다. 이런 배려의 행동 중 하나로, 자선 단체와 종교 시설에 기부하는 방법이 있지요. **자선 단체**는 어려움에 빠진 사람들을 돕고 지원하는 기관이에요. 공동체에는 다양한 자선 단체와 종교적 가르침을 실천하는 단체가 많아요. 자선 단체에서는 집 없는 사람, 가난한 사람, 부모를 잃거나 방치된 아이, 지원이 필요한 노인 등을 돕습니다. 이런 단체나 시설에 기부하면 우리도 도움이 필요한 사람의 삶이 나아지는 데 보탬이 될 수 있어요.

옷, 신발, 장난감, 책, 학용품 등 돈이 아닌 물건으로 기부를 받는 자선 단체들도 있습니다. 기부받은 물품을 필요한 사람들에게 직접 나눠 주거나, 그 물품을 팔아서 자신들이 하는 일에 필요한 돈을 마련합니다. 설령 작은 기부더라도 그게 다른 사람들의 기부와 합쳐지면 커다란 변화를 이끌 만큼 강력한 힘이 된다는 걸 잊지 마세요.

공동체에 돈이나 물건을 기부할 형편이 안 된다면 자원봉사로 시간과 재능을 기부할 수 있습니다. 학교 공부나 운동을 하는 데 어려움을 겪는 아이를 위한 멘토로 봉사를 시작해 보는 것도 좋아요. 좋은 일에 쓸 자금을 마련하기 위한 모임을 열거나 직접 도우러 가는 프로젝트를 결성할 수도 있어요. 비록 짧은 기간이라 할지라도 동물 보호소, 자선 단체, 푸드 뱅크, 종교 시설에서 일할 수도 있지요. 여러분이 공동체에서 자원봉사자로 일할 수 있는 방법은 무척 많아요. 보다 다양한 방법을 알고 싶으면 학교나 지역 종교 시설, 자선 단체에 문의해 보세요.

함께 나누는 방식은 무궁무진합니다. 어떤 형태의 나눔과 기부를 선택하든 배려를 실천하는 것 자체가 멋진 경험이라는 보상이 될 수 있어요. 공동체에 긍정적인 영향을 주기 때문이지요. 또 누군가의 삶에 커다란 변화를 불러일으키기 때문이기도 해요.

다른 사람을 변화시키기 위해서는 나부터 바뀌어야겠다.

샐리가 고른 오늘의 경제 문장

성공이란 당신이 돈을 얼마나 많이 벌었느냐가 아닙니다. 성공이란 다른 사람의 삶을 얼마나 변화시켰냐 하는 것입니다.

- 미셸 오바마 -
변호사, 전 영부인

 여러분이 감사의 말을 전하고 싶은 사람과 그 이유를 자유롭게 서술해 보세요.

To.

어린이 독자에게 전하는 이야기

아주 오래전, 누군가 나무 한 그루를 심었기에
지금 우리가 이렇게 그늘에서 쉬고 있는 것입니다.

- 워런 버핏 -

나무는 우리 삶에 꼭 필요합니다. 공기를 깨끗하게 하고 생태계를 건강하게 유지하기 때문입니다. 또 과일과 열매, 건축 자재, 종이의 재료가 되는 펄프를 제공해 줍니다. 무더운 날에는 그늘에서 더위를 피할 수도 있지요. 하지만 커다란 나무가 어느 날 갑자기 뿅 하고 마법처럼 마당에 나타난 것은 아닙니다. 나무를 원한다면 땅을 파고, 씨앗을 심고, 정기적으로 물을 주고, 묘목을 잘 가꾸어야 합니다. 그래야 시간이 지나며 나무가 무럭무럭 자라고 튼튼해지니까요.

경제적으로 성공한 미래를 만들어 나가는 일은 나무를 가꾸는 것과 비슷합니다. 여러분은 계획의 힘을 적극적으로 활용해야 합니다. 열심히 조사도 해야 하지요. 부를 쌓고, 미래의 안전을 위해 계획을 세우고, 예산을 짜는 건 무척 중요해요. 또 훌륭한 재정 기술을 배우고 실천하며 번 돈의 일정량을 꾸준히 저축해서 시간이 지날수록 돈이 자라게 해야 합니다.

　　미래를 정확하게 예측할 수는 없지만, 능력을 최대한 발휘해 앞으로 닥칠 미래를 철저히 준비할 수는 있습니다. 자신의 삶에서 계획을 잘 짜고 씨앗을 미리 뿌리는 사람은 나중에 커다란 보상을 수확할 겁니다. 어릴 때 꾸준히 공부하고 현명하게 투자하며 올바른 선택을 하세요. 그러면 어른이 되었을 때 노력과 현명한 선택에 따른 보상을 누릴 수 있을 거예요.

　　이 수업에서 여러분을 다시 만날 수 있어 정말 기뻤어요. 부디 건강하게 잘 지내길 바랄게요. 다시 만날 때까지 여러분 앞날에 행운이 함께하기를!

지은이 **월터 안달** Walter Andal

• • •

아테네오 데 마닐라 대학교Ateneo de Manila University에서 경영 관리를, 미국 캘리포니아의 라베른 대학교University of La Verne에서 국제 금융을 공부했습니다. 보험, 은행, 부동산, 건강 관리 분야에서 다양한 일을 했습니다. 지금은 아내, 자녀 넷과 함께 미국 로스앤젤레스에 살고 있습니다.

옮긴이 **김선희**

• • •

한국외국어대학교를 졸업하고 2022년 현재 번역가로 활동하며 '김선희's 언택트 번역교실'을 진행하고 있습니다. 단편소설 「십자수」로 근로자문화예술제 대상을 수상했으며, 뮌헨국제청소년도서관JB 펠로십으로 아동 및 청소년 문학을 연구했습니다. 옮긴 책으로는 『드래곤 길들이기』 『구스범스』 『윔피키드』 『멀린』 시리즈, 『베서니와 괴물의 묘약』 『난생처음 북클럽』 『경제는 어렵지만 부자가 되고 싶어』 등 200여 권이 있습니다. 또한 『얼음공주 투란도트』 『우리 음식에 담긴 12가지 역사 이야기』 등 10여 권을 집필했습니다.

그린이 **김조이** @kimjoyyyy

• • •

일상의 풍경과 즐거운 것들을 그립니다. 오래도록 마음에 남는 그림을 꿈꾸며 단행본, 잡지, 상업 일러스트 등 다양한 작업을 하고 있습니다.

용돈 받는 부자들
열두 살에 시작하는 자산 관리 습관

펴낸날 초판 1쇄 2022년 3월 10일
　　　　초판 4쇄 2024년 10월 20일
지은이 월터 안달
옮긴이 김선희
그린이 김조이
펴낸이 이주애, 홍영완
편집2팀 김혜원, 최혜리, 홍은비
편집 박효주, 양혜영, 유승재, 문주영, 장종철, 김애리, 강민우
디자인 기조숙, 박아형, 김주연, 윤신혜
마케팅 김슬기, 김태윤, 박진희, 김미소, 김예인
해외기획 정미현
경영지원 박소현
펴낸곳 (주)윌북 **출판등록** 제2006-000017호
주소 10881 경기도 파주시 광인사길 217
전화 031-955-3777 **팩스** 031-955-3778
홈페이지 willbookspub.com
블로그 blog.naver.com/willbooks
포스트 post.naver.com/willbooks
트위터 @onwillbooks **인스타그램** @willbooks_pub
ISBN 979-11-5581-453-6 (73320)

· 책값은 뒤표지에 있습니다.
· 잘못 만들어진 책은 구매하신 서점에서 바꿔 드립니다.
· 이 책의 내용은 저작권자의 허락 없이 AI 트레이닝에 사용할 수 없습니다.